AQUARIUS

AQUARIUS

AQUARIUS

AQUARIUS

# Vision

一些人物，
一些視野，
一些觀點，
與一個全新的遠景！

# 癡迷

Obsessive Love: When It Hurts Too Much to Let Go

心理學大師
寫給在愛情中
快要殉道的你

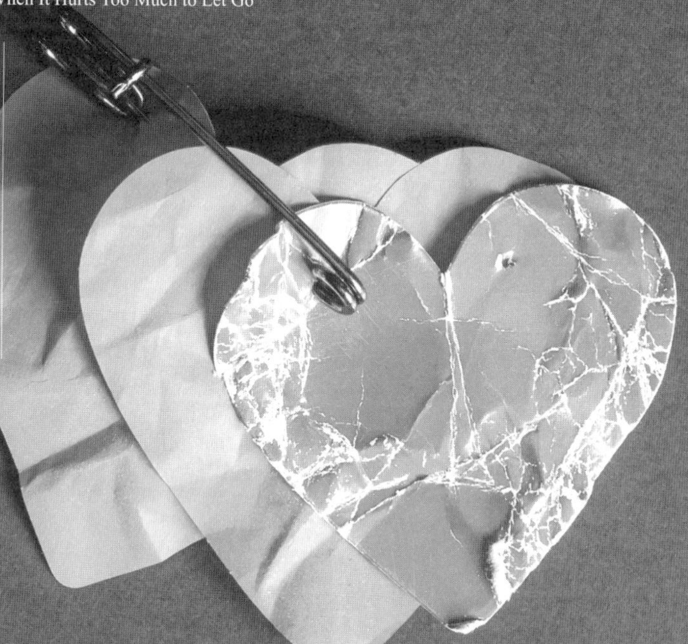

蘇珊・佛沃（Susan Forward, PhD）& 克雷格・巴克（Craig Buck）◎著　一言◎譯

【推薦序】

# 觀念頭起滅，破地獄幻相

## ——驅逐癡迷心魔

文◎鐘穎（愛智者書窩版主・諮商心理師）

愛是有意識地連結，不是無意識地被迫連結。愛裡沒有強迫。心理學家榮格說：「沒有愛的地方，就會被權力占據。」愛戀的執迷者總是分不清楚這兩點。

本書要討論的是愛情關係中的極端狀況。說它極端，在新聞報導乃至日常生活中，這類事件卻並不罕見。有別於正常的戀愛，執迷式的愛戀很少讓人感到滿足與幸福，更多的是如飢似渴和占有、嫉妒。彷彿愛得越多，越是令人焦慮和痛苦。如你猜想的那樣，這類愛戀不僅善變，甚至危險。

執迷愛戀者很少接受拒絕，他們會一而再、再而三地請你再給他一次機會，但你知道他的情況不會有任何改善。他們會一次又一次說服你，說你其實並不清楚自己的感受和需要。每當通訊軟體出現他們找你的訊息，都會引發你的焦慮感，你甚至開始感覺害怕。你好不容易下定決心拒絕，他們又會想辦法引發你的內疚，例如威脅自殘，或者細數他曾對你的好。

本書英文名稱*Obsessive Love*所指的就是這種強迫之愛。而作者蘇珊．佛沃博士就在這本書裡，特別針對執迷愛戀的雙方給出了分析和建議。

雖然《跟蹤騷擾防制法》的頒布解決了書中的部分問題，但只有警政系統的介入依舊不夠，我們還必須學會辨認，學會真正的脫身之道；換言之，學會我們是如何一步步陷入了執迷的危機。

如果你的另一半是一位執迷的戀人，那麼你可能需要注意這三點：第一，我們能不能立下清楚，甚至有些無情的界線，來隔絕對方無止境地死纏爛打？第二，他是否有暴力的前科或傾向？暴力行為是無法自行改善的，這點務必牢記，我們一定要保護好自己，必要時必須尋求法律的介入。第三，我自己有沒有「救世主情結」的傾向，覺得可以透過自我犧牲來幫助對方成為更好的人？

關於更詳盡的說明，可以參考本書的前兩部分。

如果你自己就是一位執迷者，一個在關係中不自覺把自己擺到這個位置的人，通常依附關係就是造成這類問題的根源。因為渴望重建依附關係，因而混淆了過去與現在，從而為你愛的人帶來莫大的壓力，也為自己帶來了很大的痛苦。

那麼這本書第三部分的練習就很適合你。

此處我要額外提醒讀者的是，請注意：強迫之愛並不會只發生在戀人身上，它同樣見諸於信眾與上師、粉絲與偶像，乃至一般的友誼之間。由此引發的各種投射與衝突絕不在少數。

對這類行為而言，重點並不是愛，而是「修復」。正因為當事人在潛意識裡想要「修復」破裂的早期關係，無論那是因為家暴、親人死亡、照顧疏忽、貧困，或者其他原因所造成。

生而為人，我們都有著想要重複人生首段關係的傾向。換言之，關係總是尋求重複。正是這個重複，把執迷者帶入了牢籠。當這樣的欲望停留在潛意識中，我們就成為了欲望的奴隸。它就像個魔鬼，附著在我們身上，使我們無法理性地在愛中享受寧靜。在深度心理學裡，我們常常就用「附身」（possession）來稱呼這個情況。

如果要我選用一個語言，我會用「地獄」來象徵它。地獄的苦並不在於刀山油鍋，相反地，在於沒有希望。沒有希望就是沒有選擇的同義詞，因為執迷者是帶著強迫性這麼做的。否則誰不想在愛裡獲得平靜？但不安全感如影隨形，怎麼做、怎麼錯，怎麼錯、怎麼苦，苦到頭了就變成憤怒，當事人會開始幻想傷害對方的場景，接著便很可能鑄下大錯。

這種受強迫的苦，在《西藏度亡經》裡稱為業力之風。受此風的吹襲，亡靈只能徘徊於六道之間，急忙選個肉身投胎，完全顧不上解脫。但什麼是業力？業（karma）指的就是行為，如要擺脫這樣的痛苦，唯一能做的，就是專一心志，將眼前的地獄視為來來去去的幻相。

確實，心理學已經告訴我們，在每個行為出現之前，我們的腦中都會閃過特定的念頭，這個短促又片面的想法會促發我們的情緒，進而使我們從事某種行為。如果要抑制潛意識的「強迫性重複」，就要專一心志，記錄這個想法，並藉由練習使之完善。新的認知會帶來新的情緒及行為，從而逐漸擺脫強迫，重獲選擇與希望。

這個將地獄「觀」成來來去去的幻相也是正念療法的核心。觀念頭起，觀念頭滅，我們逐漸擺脫念頭的控制，地獄的幻相終將破除。還請因執迷愛戀而苦的讀者們諦聽，沒有任何人需要在愛情中殉道。轉身向內，驅逐心魔，你會慢慢發現，放手將比緊握獲得更多。

【推薦序】

# 願我們都不必被愛所傷，被情所困

文◎周麗媛（中國二級婚姻家庭諮詢師）

在多年的從業經歷中，我接過不少這樣的案主：他們在愛中傾力付出，將追求的對象或伴侶視作比自己的生命還重要的人。他們總是能在與異性的交往中，將「浪漫」發揮到極致，被追求的對象一般很難抵擋這樣愛意洶湧的攻勢。

「迷戀」與「執迷」雖然一字之隔，但相差甚遠。兩個人在經過愛情最初的迷戀期後，開始面對彼此真實的一面，許多隱藏的問題也會就此顯露。被追求者會發覺浪漫仍然以極端的形式在生活的各個層面上演，漸漸感覺疲憊不堪，難以招架。最終，他們發現自己需要付出很多虐心的代價，比如：失去私人空間、失去自由意志、被騷擾、被跟蹤，甚至被對方以生命為代價，要脅不能分手。最痛苦的是，越是對這樣的人表示拒絕或者宣布分手，對方越是拚命死纏爛打，沒完沒了，在分分合合的故事裡來回糾纏。

如果客觀地評價，這種特質的案主，本質上都沒有惡意，而且往往在戀愛開始的時候體貼、隱忍、善良，像個完美的戀人。聽著他們的故事，我的心情就像坐雲霄飛車一樣起起伏伏，又好像瓊瑤電視劇的現場觀眾，觀賞著一幕幕海枯石爛的精彩愛情故事。而那些相殺相虐的愛情故事背後，都是他們內心對愛的極致渴望。

就像蘇珊．佛沃博士在這本書中所分析的，這些執迷愛戀者由於童年時期經歷過種種創傷，種下了這樣一個核心情結：害怕被拋棄。當他們遇到心動之人時，被愛的渴望被喚醒，由於擔心自己再度被拋棄，所以處處逢迎。如果對方不接受或者提出分手，必將撕開他們曾經的創傷。對於他們來說就是二次傷害，而這也加劇了他們的極端化。他們會選擇性關注曾經和伴侶海誓山盟的部分，也會合理化戀人向他們提出分手的理由，就是無法去反思自己的行為如何激怒對方，最後讓對方關上了心門。

他們一直陷入在對愛的極度渴望裡，其他一切都不重要，甚至包括自己的生命。

當然，正所謂「一個巴掌拍不響」，蘇珊．佛沃博士在此書中，也分析了那些被執迷者盯上的「目標」的共同特徵。

在看這部分內容的時候，我總是想起曾經的好朋友小玉，她情竇初開便總是能遇到對她好得離譜的男孩，他們瘋狂而浪漫的追求行為讓閨密們豔羡不已。我有幸比其他人知道得更多。很多女孩子羡慕追她的男孩手捧鮮花站在樓下等她，太陽晒了一下午也不離去，卻不知前一天那個男孩跟她鬧了一整晚，就因為她跟鄰座的男生聊了一下天。很多年裡，我都像她的愛情故事的見證人，年少的我總是勸她下次要吸取教訓，再找男朋友時要睜大眼睛。但往往這樣的男孩對她有著致命的魔力，令她在被追求之後，就撲通一下跳入了同樣的陷阱。

蘇珊·佛沃博士在文中，對小玉這樣的「目標」的心路歷程，做了詳盡的分析。他們往往具有共同的特徵：無視自己的需求，力求證明自己與眾不同，覺得自己不配得到更健康的愛情。他們被定義為「共伴執迷者」，如果沒有他們，執迷者也就不復存在。心理學上將這樣的關係稱為施虐與受虐。同執迷者一樣，共伴執迷者也有內心的創傷按鈕，他們同樣對愛懷著極度的渴望，也同樣來源於幼年時缺失的愛和安全感。由於小時候對父母「不負責」的行為的印象太深，他們沒有能力辨認出健康的愛是什麼樣子的，在他們眼裡，猜忌、指責、嫉妒和愛是同一回事。

有些共伴執迷者意識到自己的愛情是有問題的，但仍想透過自己的努力去改變對方，這樣的人往往是在重複童年時父母的行為：一個善良的母親千方百計去拯救虐待她的父親。很耳熟吧？就是聖母與渣男的故事。

蘇珊．佛沃博士在此書中，不僅將執迷者和執迷者「目標」的問題詳盡分析，將問題的根源層層揭示，還將執迷者的行為、想法和感受之間的轉化表述得通俗易懂。更難能可貴的是她善於從幾個典型案例入手，從分析症狀、根源到最後治療的過程，有始有終，讓讀者在閱讀的過程中，像親身體驗了一次心理諮商一樣。如果通篇閱讀，相信對我們每個人都有一定的治癒作用。

很多心理學方面的書籍側重於分析和解釋原因，卻不太涉及問題的解決方法，也許是考慮到職業機密。蘇珊．佛沃博士無私分享出很多在心理諮商中常用的方法，這些方法安全可靠、簡便易行，讓人從中受益。

比如，在治癒與父母關係的環節裡，她建議寫信給父母，這在臨床實踐中非常好用。我們每個人在寫信的過程中，都會爆發大量的感受，由此帶動的情感流動是對積壓的情緒最有效的疏理。我將其比作「掃垃圾」，這些垃圾可能已經堆在我們的心裡幾十年了，我們的文化不允許表達，不允許釋放，但它們卻真真實實存在。一旦投射到親密關係中，會讓你的親密愛人為你在原生家庭所遭受的際遇埋單，這既不公平，也有害於彼此關係的健康。當然，並不是說寫信就得把它寄給父母，想必我們的父母也是承受不了的，這在心理問題的處理上也不必要。

其實，心理治療處理的是當年那些以孩子的視角看問題而產生的感受，把這些感受處

理完，就像把垃圾倒完一樣。當你把事情說出來的時候，就不會再被它影響。

像這樣確實可行且深具治癒作用的方法，蘇珊．佛沃博士分享了十多種。

真心希望這本書能幫助眾多身陷執迷愛戀的癡男怨女們，從面對自己的創傷情結開始，選擇健康、美好的戀愛。

我也有一個奢望，希望已經斷聯多年的朋友小玉能看到這本書，希望我們都不必被愛所傷、被情所困，學會正常地愛與被愛。

# 【導言】執迷愛戀是一座牢籠

## 從典型的執迷愛戀故事說起

葛蘿莉亞趕到公司時，總感覺怪怪的，當她穿過編輯部走向自己辦公室的時候，一雙雙眼睛都盯著她看，就像派對上準備好送驚喜的朋友們盯著剛剛到場的小壽星。她的心怦怦直跳，難道是自己升職了？還是哥哥的小孩出生了？莫非是她的休假申請過了？

推開辦公室的門，一陣濃郁的玫瑰香氣迎面撲來，只見辦公桌上小山似的堆滿至少六打紅玫瑰，她從沒見過這麼漂亮的玫瑰。今天是什麼日子？她查看手錶的日期，五月二號，沒什麼特別的啊。

忽然她明白了，是吉姆。

恐懼和憤怒像一列火車輾過她。為什麼吉姆就是不明白她永遠都不想再看見他？為什麼吉姆就是不能離開，讓她安靜點？她無助地靠著門哭了。

十幾公里之隔的法律事務所裡，吉姆守在電話旁，緊張得彷彿神經觸電，隨時都要跳起來的樣子。一方面，他確定葛蘿莉亞會打電話來，只是早晚罷了。那些玫瑰花是為了紀念這個特殊的日子——從他們相識那晚，到現在已一週年了。浪漫的玫瑰帶他回到往日的甜蜜時光，他相信這些花同樣能喚醒葛蘿莉亞，讓她回憶起那段刻骨銘心的過往——他們在加州海岸的璀璨星空下纏綿；他曾幸福地睡在她的花園裡，她還悄悄拍下照片，裝框放在自己的臥室；他倆騎馬馳騁於墨西哥海濱蘭花盛開的小徑上……

他知道葛蘿莉亞並非真心要分手，他們的愛是如此真摯。他很清楚，她只不過是害怕對他的愛太強烈。他把自己的心都給了葛蘿莉亞，那是一生一世的禮物，相信早晚有一天，葛蘿莉亞能接受他的癡情。

但另一方面，他又害怕葛蘿莉亞不打電話來。當葛蘿莉亞第一次說出不想再見到他時，撕心裂肺的痛苦簡直讓他活不下去。而過去兩個月，她拒收他送去的各種禮物，情書也被原封不動地退回。他把電話減少到每天兩次，因為她開始掛他電話。他幾乎夜夜都開車去她家門口，有幾次忍不住敲門，惹得她非常氣憤，到後來甚至打開門一見是他，不發一語就砰地關上門。所以，他很害怕，假如葛蘿莉亞對他送的玫瑰毫無反應，他會多麼痛苦。

希望和絕望在兩端拉扯著，他感覺自己快要被撕裂。

葛蘿莉亞知道吉姆需要她，她為自己回應不了吉姆而自責，但即使如此，她還是不能。她曾經痛苦地告訴吉姆，兩人之間結束了。見吉姆痛苦，她也非常難受。他們曾經那麼親密，對未來有過各種美好的幻想，但是漸漸地，吉姆的愛裡充滿嫉妒，讓她感到透不過氣，這種愛已經越界，原本的激情成了愛情的牢籠。她曾試著讓吉姆瞭解她的感受，理解她需要一點獨立空間，她不要被當作他的私有物，但無論怎麼勸說都沒有用，最後她失去耐心，告訴吉姆自己再也不想看見他。吉姆求她回去時，她想試著讓他好過些，但態度依然很堅定。

接下來的幾個月裡，吉姆拒絕放棄，而葛蘿莉亞被他沒完沒了的「努力」耗盡耐心，筋疲力盡，離開的念頭更堅決。葛蘿莉亞確信最好的做法就是讓吉姆對她澈底放棄，然後去找到能夠接受他熾熱愛戀的那個人。

吉姆坐在辦公桌前，等著葛蘿莉亞的電話，心裡一遍又一遍排練著接到電話時該怎麼說。他打開文件攤在桌上，萬一有人進來，他看起來就像在思考一份合約，但此刻他完全無心工作。在希望和焦慮中煎熬了三個小時後，他開始越來越氣悶，氣葛蘿莉亞無視他的愛，無視自己對她真切的渴望。他又說服自己別生氣，心想葛蘿莉亞應該是無法在辦公室打電話，許多事情纏得她抽不開身。但是，他腦海中塞滿想要告訴葛蘿莉亞的話，忍不住提筆寫信，等信寫完，他發現整整寫滿了十二頁的信紙。

葛蘿莉亞同樣也無法投入工作，望著桌上等著編輯的稿子，思緒卻飄向吉姆：是不是自己在無意間給了他什麼鼓勵？跟吉姆提分手時，為了減輕對他的傷害，她是不是表達得不夠明確，讓他還抱著希望？但是後來她的態度一直很堅決啊。忽然一陣寒意襲上心頭：要是吉姆自殺怎麼辦？不就是她害的？她覺得頭好痛。

等到晚上八點左右，吉姆終於決定不能再這麼乾等下去，玫瑰攻勢顯然沒效，但那又如何，他不在乎。內心的焦慮積壓得快要爆炸了，他必須聽到葛蘿莉亞的聲音，所以打電話給她，但是葛蘿莉亞掛了電話。吉姆被最後一根稻草壓垮，澈底崩潰。

第二天早晨，葛蘿莉亞睡醒，透過窗戶看到吉姆竟然坐在她家門口的臺階上。絕望之下，她報了警，但因為這不屬於緊急情況，警方表示他們可能要幾個小時後才能趕來處理。她被困在自己家裡，連早上的報紙都不敢出去拿。為了避免跟吉姆打照面，她決定乾脆不去上班。然而奇怪的是，大約一個小時後，吉姆便自行離開。

葛蘿莉亞遲到了，趕到公司時，赫然發現吉姆在她的停車位上等著。出於極度的挫敗和憤怒，她尖叫著要吉姆走開。當她抓狂時，吉姆只是一臉寬容地微笑著，勸她冷靜下來。路人都盯著她看，好像她才是瘋狂的那一個。葛蘿莉亞流著淚進辦公室，頭又開始劇痛。她恨吉姆！

吉姆失魂落魄地回到家。他焦灼地徘徊於葛蘿莉亞的心門外，找不到入口，無法讓她回心轉意。他相信若能夠和葛蘿莉亞見幾次面，自己的真情絕對能融化她的鐵石心腸，重燃舊情。

吉姆和葛蘿莉亞的故事是一種典型的「執迷愛戀」。吉姆那些令人窒息的行為，以及無法接受葛蘿莉亞再也不想與他保持親密關係的事實，在各方面都嚴重破壞了他們兩人的生活。執迷愛戀是一座牢籠，囚禁了執迷不悟的人，也囚禁了執迷者不屈不撓戀慕的「目標」。

## 為什麼我決定寫這本書？

「玫瑰事件」過了一個月後，吉姆來找我。理性上，他知道應該放棄葛蘿莉亞，但情感上難以自拔，他做不到。吉姆請求我幫幫他。

聽了他的傾訴，我很難過，這份執迷讓兩人承受了多少煎熬，直到現在還在痛苦。一段原本有希望的浪漫戀情，為何落到如此地步？吉姆有太多疑問，迫切想知道到底是怎麼回事。

**吉姆**：是什麼原因讓我做出那些瘋狂的事？我是律師，向來很理智，可是一遇到葛蘿莉亞，我就失控。我覺得自己永遠都跨不過去這一步，忘不了她。是不是我的下半輩子都要糾纏在這段感情中？我不能再這麼下去，這太痛苦了。我該怎麼辦才好？

我告訴吉姆，我理解他的孤獨、困惑和失控。執迷者大多如此，而且往往到處都尋求不到幫助。他們的朋友和家人無法理解為什麼他們不肯「忘記」得不到的人，好好開始生活。由於執迷者的行為通常晦暗、消極，很難找到同情自己的傾聽者，除非透過專業的心理治療尋求解方。我答應吉姆，若是他真的想要改變，我想幫助他。事實上，他選擇來找我，已經邁出了重要的第一步。

和吉姆一起尋找答案時，我意識到這些問題同樣困擾著很多人。除了吉姆之外，世上為執迷愛戀所困的傷心人何其之多。

同樣地，我明白葛蘿莉亞也受自我質疑困擾著：她不是早該發現有什麼地方不對勁嗎？她有沒有不自覺地助長了吉姆的執迷？為什麼當初交往時，她沒有慎重地選擇？她還能夠信任別的戀人嗎？當我有感於吉姆的困苦時，也一樣同情葛蘿莉亞。執迷愛戀的對象往往是被遺忘的受害者，朋友往往笑看他們的境況，或是認為他們誇大了對方的行為。

吉姆離開後，我回想起過去幾年接觸過的上百位執迷愛戀者，以及許多被追求得筋疲力竭的「目標」們。這些男男女女由於無法自拔的執迷愛戀，生活受到極大的影響，甚至破壞殆盡，他們的遭遇讓我唏噓感嘆。許多執迷者其實很聰明，是有魅力的成功人士，他們不敢相信自己怎麼會如此放不下，並對自己的行為感到羞愧，但無力去改變。他們常說自己有如「著了魔」或是「無法控制自己」，為衝動所害。

誰沒有經歷過執迷愛戀的痛苦——可能是曾經熱切地渴望一個得不到的人，挫敗又痛苦；或是被執著的追求者百般糾纏，困窘而焦躁；有的人甚至兩種角色都體驗過。執迷愛戀操控思緒、扭曲判斷，占據了他們的生活。我想要協助這些人，無論是無法自拔的追求者或是被追求者，幫助他們學會處理這些情況，擺脫執迷愛戀之苦。所以我決定寫這本書。

當我和克雷格開始著手寫作時，居然有那麼多的朋友、同事、前來諮商的案主們，甚至是只見過幾面的熟人，希望我把他們的故事寫進書裡。我很吃驚，雖然前幾本書也獲得了當事人大力支持，但像這次人數之多、熱情響應，還是前所未聞，可見「執迷愛戀」是我們每個人內心的痛處。

在此講述的所有故事都是真實的，儘管為了保護當事人隱私，我改動了他們的名字、職業與其他一些身分特徵，但仍盡量還原他們的描述和經歷。

## 什麼是「執迷愛戀」？

基於二十年的執業經驗，我總結出四項特徵，用來幫助自己與案主釐清是否處於執迷愛戀之中：

1. 非常痛苦，滿腦子都是戀人或想要得到的那個人。
2. 對執戀著的對象有難以滿足的渴望，渴望擁有對方或是被對方擁有。
3. 被拒絕，或者得不到（肉體上得不到，或是精神上得不到）。
4. 被拒絕和得不到的結果是開始行為失常。

在本書中，我用「執迷」（obsessive）一詞來形容特定的行為。嚴格來說，這並不精確，因為「執迷」一般只能用於思維領域，心理學中用「強迫」一詞來形容執迷的行為。但是為了簡單起見，在這本書裡，我統一用「執迷」這個詞來指稱思維和行為上的這種現象。

執迷不分性別。無論男女，都有可能陷入執迷的戀情，也都有可能成為執迷者求愛的「目標」。

有的執迷者在生活的其他方面表現完全正常，但有的出現許多異常行為，如酗酒、吸毒、沉迷賭博，還有一些常被忽略的強迫行為，如工作狂、潔癖。任何人都有可能成為執迷者。同樣地，沒有什麼標準來衡量哪種類型的人更容易成為執迷愛戀的「目標」。有些「目標」實際上是助長了對方的執迷，而另一些「目標」則直接拒絕追慕者的任何接觸。一些「目標」最開始接受了對方的激情，另一些「目標」則不假思索地拒絕。一些「目標」後來與他們的執迷戀人結了婚，另一些「目標」最終選擇其他人。對於「目標」來說，只有一點是相同的：他們都有一個自己並不想要的、不知疲倦的執迷追求者。

## 一種虛構的愛情神話

流行文化總是將執迷愛戀美化成大眾樂見的浪漫。迷你影集《拿破崙與約瑟芬》有一幕精彩愛情場景，拿破崙對約瑟芬強勢告白：「你讓我欲罷不能。」一款著名香水在電視廣告上用了這句臺詞，向消費者暗示通往激情與浪漫的捷徑。在暢銷書《無罪的罪人》與改拍的同名電影中，即使情人已死，執迷的主角始終保持著對愛欲的狂熱追求。類似的還有《迷霧追魂》、《兔女郎謀殺案》、《致命的吸引力》等電影，塑造了黑暗、扭曲的病態愛戀，把執迷愛戀矯飾成無法超越的激情。

相較之下，其他形式的愛情顯得寡淡無趣。執迷愛戀形塑了一個情感激烈、無上誘惑的世界，電影、電視、廣告、流行歌曲合謀說服我們：愛情一定要轟轟烈烈、死去活來，否則就不是真愛。儘管執迷讓戀情走味，也不管戲劇裡的角色如何煎熬，潛臺詞仍舊是想告訴我們，這才是激情燃燒的歲月，粉身碎骨算得了什麼。那些戀愛達人好像自帶激情燃料，就算全世界的熱戀最後都歸於平淡，他們的愛火還在熊熊燃燒。

執迷愛戀表面看來像愛到極致，但浪漫化視角遮掩了灰暗面。在現實世界中，執迷愛戀者攀向希望之巔與感官頂峰，但不切實際的期待換來的是失望、空虛，甚至絕望。

對於被追求的「目標」而言，執迷愛戀最開始可能令人飄飄然，激動不已，但不可避免地越來越讓人感到窒息，一旦進入這個階段，生活將墜入情緒化、凌亂、焦慮、無助、恐懼的深淵。許多「目標」幾乎被捆綁，不情不願地奉獻自己，變成「人質」。

## 執迷愛戀：矛盾的感情

事實上，執迷愛戀與愛情不同。「執迷愛戀」只不過是一種渴望，渴望一些自己沒有的東西。執迷者即使身處戀情之中，還是不滿足，總是想要更多愛、更多關懷、更多承諾及更多安全感。執迷愛戀的本質是貪得無厭的，不管戀情在最開始看起來多麼有希望，對方終究會受不了那樣無休止的索求，大多會選擇離開。儘管執迷者感覺自己的愛無比赤忱，但實際上他們被自己的渴望和需要操控，而且根本不顧對方的需求。

健康的愛情需要相互信任、相互關心與相互尊重，執迷愛戀則恰恰相反，被恐懼、占有欲和嫉妒心所操控。執迷愛戀往往是善變的，有時候甚至是危險的，最終無法帶來滿足與滋潤，也不可能讓人感覺美好。

## 你是執迷的戀人嗎？

當然，我並不是說所有熱烈、浪漫的愛情都是執迷愛戀，我自己就是很浪漫的人，很容易被燭光晚餐、唯美的歌劇或者月光下的一支舞打動。在激情迸發的第一個階段，我表現得和所有人一樣，像極了一個執迷者。愛上一個人時，我可能會非常投入，這並不意味著執迷。

然而，執迷者始終停留在這個「眼中只有你」的階段，他們的世界開始變得狹窄，把家庭、朋友和所有曾經對他們來說重要的事情全拋在腦後，心心念念只有那個愛著的人。他們的世界越來越小，感情需索越來越多，直到有一天，對方無法給予他們相應的關注，這讓他們簡直難以忍受。「被拒絕」是執迷者的終極噩夢。

發覺愛情在悄悄溜走，對方的熱度在消退，執迷者是不願放手的，於是開始絕望地掙扎，想要抓住對方的愛。這正是瞭解執迷愛戀的關鍵所在：

## 「被拒絕」是執迷愛戀的引爆器。

執迷者深陷感情漩渦中不可自拔，當感情宣布結束時，他們拒絕接受。

有的人已經清楚自己屬於執迷愛戀者，還有些人正處於感情煎熬，很可能也為自己的所作所為感到震驚，卻不明白發生了什麼。在此列出一份檢視清單，有助於讀者辨識自己對戀人、前任或是朋友，是否存有執迷愛戀。

接下來的這些問題，有可能會踩到你的痛點，讓你感覺難堪、內疚、傷心或者生氣。但無論如何，請你耐著性子看完。這種不舒服是一個有幫助的信號，說明什麼東西觸碰了你的內心，讓你開始認識真實的自己，一旦意識到這點，你便可以選擇改變。

1. 你是否對一個無論肉體或精神都不可能得到的人念念不忘？
2. 你是否心心念念有一天，這個人終會屬於你，這是你生命的全部？
3. 你是否相信因為自己足夠真心，這個人就得愛上你？
4. 你是否相信只要窮追不捨（或者用對方法），這個人最終會接受你？
5. 當你被拒絕時，是不是更加想要得到這個人？
6. 如果屢次被拒絕，你是否會由愛生恨？
7. 你是否感覺很受傷，或者認為對方欠你很多，因為對方沒能給予你想要的？
8. 你是不是無時無刻不在想著這個人，吃不下、睡不著，或者無法工作？
9. 你是否堅信這個人是你的唯一，非這個人不可，對方是你生命的意義？
10. 你有沒有一有空就頻繁地打電話給對方？或者總是在等待著對方的電話？
11. 你是否經常不打一聲招呼就出現在對方的家門口或辦公室？
12. 你有沒有總是想知道這個人在哪裡、和誰在一起？你有沒有悄悄跟蹤過對方？
13. 你是否有報復這個人或自虐的傾向？

以上問題，如果你的答案中有三個或三個以上的「是」，那麼你是一個執迷愛戀者。但別灰心，執迷愛戀並不是天生的疑難雜症，它只不過是包括你我在內的許多人，想要得到或遇見愛情的一種方式。**你可以克服執迷愛戀，任何事情都可以從不會到會。**

解開執迷心結之前，得先明白執迷愛戀控制你的生活到什麼程度。我知道說起來容易做起來難，執迷會混淆你的認知，隱匿在你內心深處。但我保證，好好認識自己執迷的狀態，能夠幫助你積極做出改變。

**＊注意：如果以上檢視清單中的問題，你從頭到尾都回答「是」，那麼除了閱讀本書，務必立刻尋求專業心理協助，以免做出傷己也傷人的事情。**

## 你是執迷者的「目標」嗎？

如果你處於一段煩擾的感情糾葛中，或者被自己不喜歡的人追求，那麼就現況來說，第一步就是要釐清你的戀人或追求者是不是執迷愛戀者。以下的檢視清單有助於進行確認，而後你可以採取適當措施，挽回自己的正常生活。

1. 對方的行為是否讓你感到窒息？
2. 你拒絕過的人，是否一次又一次企圖說服你，說你其實並不清楚自己的感受和需要，其實你是愛他或她的？

3. 你的前任是否拒絕相信你們之間已經完了，儘管你一再拒絕，對方還是沒完沒了地糾纏？
4. 你是否經常很不情願地接到這個人的電話、情書、禮物或是來訪？
5. 這個人的追求是否帶給你很多煩惱？是否造成你身體或心情的不適？或是煩得你無法專心工作？
6. 你拒絕這個人之後，對方是否對你追得更緊？
7. 當你拒絕對方，他或她有沒有煩躁或是憤怒？
8. 這個人是否盤查你去哪裡、見了誰？你是否發現這個人跟蹤你？
9. 你是否害怕出門，因為擔心這個人可能正在等你？
10. 面對這個人的追求，你是否感覺自己像個被束縛的人質？
11. 你是否擔心這個人可能做出傷害你的事情，或者做出自傷行為？
12. 這個人是否有暴力傾向，或是已經出現暴力行為？

上述問題，哪怕你的答案只有一個「是」，都極有可能已經是執迷愛戀者的「目標」。對於某些人來說，執迷者的各種殷勤或許不過是製造了一些煩惱而已，但是在另外一些人身上，執迷者的窮追不捨和喜怒無常卻讓他們透不過氣。更有一些人可能已經處於暴力威脅之中，萬萬不能小覷此可能性。本書可以幫你確立自己的處境，找到合適的方法從執迷愛戀中解脫出來。

## 本書能帶給你什麼幫助？

執迷愛戀的表現形形色色：女護理師難以抑制地對已婚男醫師產生性幻想，無法專心工作；多疑的丈夫不分晝夜地跟蹤忠實的妻子，生怕她背叛自己；一個男人的前女友為了挽回他的心，居然在大衣裡面什麼都不穿，赫然闖進他家；女同志被迫與女上司發生性關係；妻子被分居的丈夫推下樓而流產。

**如果你發現自己是執迷愛戀者，或者懷疑自己可能是，我希望幫助你擺脫痛苦、煩亂和焦慮。**

在本書中，我將教給你一些全新的技巧和策略，讓你重新掌握自己的情感，而不是受情感操控。我知道有些人會想：「那是不可能的，我做不到。」但我向你保證，事實並非如此。你能學著掙脫執迷的誤導，理智、洞察及合理地評估你們的關係，你可以學著與人相處時不那麼偏執和絕望。直接面對執迷愛戀的根源，可以大大地減輕你的占有欲，將心比心地看待自己與對方的感受。

**如果你是某個執迷愛戀者的「目標」，本書可以告訴你，你不是一個人，我們將幫助你回到生活正軌。**

書裡講述的眾多經歷有助你審視自己的處境，以及有時是不是鼓勵了執迷者的追求，而自己完全未覺察。你將學會做一些必要決定來制止執迷愛戀者的侵害行為。無論是感到困擾或身處險境，本書將提供一些有效的溝通方法、行為方式與法律策略，幫助你擺脫執迷愛戀的糾纏。

儘管看起來，執迷愛戀者和他們的「目標」各有其煩惱，但有一點是共通的：他們的生活皆充滿無助感。執迷者的生活被看起來無法自我控制的衝動、激情與幻想所支配，而「目標」則是想盡辦法從沒完沒了的執迷追求中逃脫。

透過本書，我希望能幫助所有的執迷者和「目標」，逃離過度的激情、痛苦、煩亂、渴望和無力，脫離執迷愛戀的泥淖。

目錄

# 第一部 執迷的戀人

目錄

# 第二部　執迷戀人的「目標」

目錄

目錄

# 執迷的戀人

# 第一部

# 第一章

# 「唯一的完美情人」

真不敢相信，我都做了什麼啊！一遍一遍地撥電話、坐在車上監視、鋪天蓋地的情書、暴怒、威脅……這完全不像我了。我用了好長時間才把他放下，他的眼神，他的笑容，他的味道，他的觸摸……他讓我瘋狂。——瑪格麗特

這是瑪格麗特進行心理治療的最後一天，她努力地從執迷愛戀中掙脫出來，這份執迷足足讓她痛不欲生三年，如今她可說是解脫了。一年半前認識她時，她壓抑、絕望、喜怒無常。

瑪格麗特三十四歲，身材纖瘦，一頭紅髮。她離婚了，在一家大型法律事務所當助理。她來找我是因為菲爾——這是個很明顯不安於傳統婚戀關係的情人，他讓瑪格麗特從生活到工作完全失控。她對十歲的兒子越來越沒耐心，工作也常心不在焉而出錯。她疏遠了朋

友，因為她時刻都在等菲爾的電話，生怕錯過，也因為朋友們都對菲爾頗有意見。

## 令人陶醉的新戀情

遇見菲爾時，瑪格麗特離婚大約六年，這段期間也有過很多次約會，但並未遇見真正讓她動心的人。漫長的六年過去，她有點灰心，開始討厭酒吧那一套，朋友們幾乎把單身的男性朋友全介紹過一輪，但沒有任何火花。她甚至嘗試過視訊交友，全都讓人失望。

瑪格麗特是在法院邂逅菲爾的，當時她協助上司處理一件挪用公款案。菲爾是警察，到法院為一件高知名度的謀殺案作證。中午時，瑪格麗特在餐廳第一次遇見菲爾。

**瑪格麗特：**那時候，那個帥氣的大個子就坐在我對面，見到他的第一眼，我就像丟了魂，我已經好多年沒有這樣了。我們開始聊天，當晚他就約我出去。記得那晚約會後回到家，關上門的那一刻，我忍不住手舞足蹈起來。接下來的一個星期，我們幾乎每晚都見面，簡直妙不可言。白天工作時，他打電話過來，一聽到他的聲音，我的心就怦怦直跳，簡直如置身天堂。

瑪格麗特描述的濃情密意，想必你我都經歷過，一段戀情開始時，執迷愛戀與其他健康的戀情並無太大區別。初嘗愛情的滋味，我們就像漫步雲端，花特別芬芳，音樂分外悅耳，天格外藍，我們的脈搏加快，簡直飄飄欲仙。

這些高漲的感情體驗並非只是想像。浪漫感受、美好憧憬、無限遐想，這些曼妙的體驗悄然觸動了我們的身體，我們開始心跳加快，滿面春光，腎上腺素飆升，體內激素發生變化，大腦釋放出腦內啡，這是一種來自我們身體的天然興奮劑。所以，愛情滋潤的不僅是我們的感受，還有我們的身體。

## 被「理想化」的情人

全心投入新戀情時，令人戰慄的激情自然地讓我們自帶濾鏡，只看見自己想要看到的，以浪漫的期待與想像過濾自己的感知，這種對現實的樂觀過濾，我們稱為「理想化」。

你可以從瑪格麗特對菲爾的描述中，明顯看見「理想化」的作用。

**瑪格麗特**：兩個星期後，他告訴我他愛我。我欣喜若狂。他是那麼完美，我覺得我的生命從此圓滿了，我有一份喜歡的工作，兒子也很優秀，而現在又擁有了一個如此完美的男人。他床笫溫柔，談吐不凡，能為我做浪漫晚餐，還幫我修車，在他身邊，我感覺很安全，無論是身體還是心理都特別踏實。我想，我終於找到了自己想要共度餘生的男人。

他讓我發現原來我可以那麼美好，就像終於變得完整了。我知道世上再沒有人能給我這種感覺。

因為菲爾是好情人、在一起很愉快，瑪格麗特就倉促下了結論：非他不可。但是她對菲爾到底瞭解多少呢？僅僅兩週激情，很難讓她對菲爾的個性與感情經歷有多少掌握。但瑪格麗特確信菲爾是「完美的」，他得一輩子對她負責，而且只有他才能讓她感覺自己是「完整的」。

當然不是指瑪格麗特的這種表現不正常。我們都有理想化的傾向，在一段感情的初始，這幾乎難以避免，況且在這個階段，相愛的人們總是表現出自己最好的一面，努力讓自己顯得迷人、風趣、善良、魅力無限，對戀人無微不至，竭盡所能。這只是男歡女愛的手法，潛藏在我們的本能之中。

然而，儘管這些賣力表現的行為能夠反映出我們某些方面的人品，但這不是全部。誰都有心情不好的時候，也都有一些小心眼、脆弱、敏感、固執己見，以及不欲為人知的習慣，我們當然不願意剛談戀愛就讓對方發現這些。

在火熱的新戀情裡，我們賣力讓缺點深藏不露，卻往往忽略了一個事實：我們的戀人難免也在遮遮掩掩。這正是「理想化」大顯身手的時刻。

## 非「這個人」不可

在健康的戀情裡，理想化讓戀人們相信自己也許找到了夢中情人，但他們仍為自己保留了安全的退路，那就是面對現實。他們希望這段感情可以天長地久，同時也承認世事無常。

執迷的戀人則恰恰相反，他們在浪漫幻想的萬仞懸崖上走鋼索，義無反顧，不留退路，飛蛾撲火似的激情中容不下「也許」這類字眼。執迷的戀人固執地認為：

**「這個人」就是我此生「唯一的完美情人」，從此我別無所求。**

執迷的戀人很天真地相信，而且有時候是無意識地相信，只有那「唯一的完美情人」才能讓他們感覺幸福和滿足，解決他們所有的問題，帶來所能想像到的激情，讓他們感受到從未有過的被需要與被愛感受。對於執迷者來說，所有這些極致感受使得「唯一的完美情人」不單是戀人，更成為生命的支柱。

對於所謂「唯一的完美情人」，執迷者並沒有特別要求。這個情人不需要特別有魅力，也或許不夠幽默、算不上睿智、談不上成功，根本不需要有過人之處。

事實上，有些執迷者愛上的是原就身處困境的人或癮君子。這類執迷者沉迷於一種被需要的錯覺之中，相信只有自己才能解救對方（詳見第四章〈救世主情結〉）。

執迷者對戀人的期望和幻想，與對方是什麼樣的人沒多大關係。他們只是一廂情願地把自己的需求強加給對方，按照自己的期許來「量身打造」一個完美情人。天知道為什麼一個人會為另一個人神魂顛倒，欲罷不能，但有一點是可以肯定的，「執迷」與深植於潛意識的個人需求和欲望脫不了關聯。

## 感情雕塑大師

在正常的戀愛中，隨著兩人的心越走越近，彼此有足夠安全感，願意展示真實自我，不介意讓對方看到自己身上的小缺點。起初的浪漫幻想日漸消退，水到渠成地轉化為以誠相待的親密無間。也許到這時，兩人發現不能接受真實的彼此，那麼可以選擇分手。

但是對於執迷的戀人來說，分手簡直是不可能的事。他們才不管現實。他們能在「意念」空間裡形塑出一段滿意的感情，就像是感情世界的雕塑大師，需要什麼就能塑造出什麼，以各種希望為材料，而非現實。這些由期待搭建的空中樓閣，顯然抵不住現實的狂風暴雨。

我的朋友唐堪稱感情雕塑界的「羅丹」。唐是個四十二歲的律師，體型健壯，略禿，嗓音溫和，文青式圓框眼鏡顯得書卷味十足。出生於喬治亞州的他仍保留著一絲迷人的南方口音。聽說我在寫這本書，他跟我說了自己的故事，是他與一名已婚女子長達五年的愛恨糾葛。

**唐**：遇見她的時候，是我在法學院求學的最後一年。那時我在一家書店打工，她走了進來。她是我有生以來見過最溫柔、最精緻、最優雅的女人，第一眼我就被她迷倒了。我的第一反應是：天哪，我要認識她。彷彿是命定，我和朋友正在聊天，她路過便加入我們。她有著如此雅致的英國口音，如此吹彈可破的肌膚，如此不可言說的眼睛……我魂不守舍。我們聊了一下，我朋友先離開，我衝動地問她是否願意與我共進晚餐。她看著我，說：「對不起，我結婚了。」正常情況下，到這裡一切都結束了，但那個時候，我對她的坦白充耳不聞，一切都不算什麼，我不能讓她在我的生命中消失，無論如何，我必須找到機會接近她。所以我追問她能不能跟我喝杯咖啡，只是聊聊天而已，當她答應時，我想我高興得快要死掉了。

唐一見鍾情，就像演電影似的。這裡有個問題：第一次見面，唐就知道辛西婭已婚的事實。按理說這應該會挫敗他的激情，但唐就是認定找到了自己「唯一的完美情人」，所以他竭力撇開對方已婚這個巨大障礙，開始雕塑屬於自己的「現實」。

**唐**：我們開始常常一起吃午餐，總是有聊不完的話。她有英式的內斂，不願意放開談論自己的感受，但那只讓我更著迷。後來有一天，我們在海邊散步，陽光照耀在海面上，我看著她，然後我……俯身吻了她。那是我生命中最美好的時刻，從那以後，我一心期待能擁有她，一心只想著她。隨著我們越來越瞭解彼此，她終於開始跟我談起她的婚姻。

辛西婭十八歲時來到美國，在茱莉亞音樂學院修習鋼琴，一年後遇見了丈夫，一位比她大十五歲的醫師。兩人結婚後，她放棄學業，隨丈夫搬到西岸。

**唐**：她對放棄音樂的事耿耿於懷，但她從來不跟丈夫談這些。她和丈夫幾乎沒什麼話可聊。她說，她對自己的丈夫從沒有像對我這樣敞開心扉。她說從來沒有哪個男人像我這麼溫柔、溫暖、細心又真誠地對待她。我還是個毛頭小子時，就期待著這樣一個戀人，而且她讓我感到我才是她唯一的男人。我知道她早晚會離開丈夫，儘管她從沒提起這點。我開始在報紙上查找租間大一點的公寓所需要的花費，方便她隨時搬過來。我還開始打聽可靠的離婚律師，以便在她離婚時幫得上忙。

此時此刻，唐只不過是與辛西婭建立了柏拉圖式友誼。他們倆最越界的事就只是海灘一吻，但就是這一個吻，加上一點貼心話，唐就確信自己和辛西婭命中註定要在一起。

唐開始對他倆將來的生活展開無限遐想。首先，他要幫助辛西婭離婚，再找一間公寓，一起搬進愛的小窩。在他法學院畢業前，辛西婭繼續在旅行社工作，等他畢業就能負擔起兩人的生活，辛西婭也就不必再工作，可以重新投入音樂。他想像著動人的畫面：辛西婭坐在起居室的鋼琴前，傍著溫暖的壁爐，指尖流淌出醉人旋律。他倆一起飛去倫敦見辛西婭的家人，然後去巴黎，在塞納河畔品嘗美味紅酒……幻想的場景，最後總在瘋狂纏綿中結束。

辛西婭沒有給過任何她會離婚的暗示，但這不妨礙唐一心認定她會離開丈夫。唐在他的夢幻國度精心雕塑了唯美的愛情，把辛西婭已婚的事簡化成不值一提的小麻煩。

## 遠距離崇拜

對於大多數感情雕塑家而言，至少有一些浪漫的鼓勵來激發他們的「才思」，哪怕只是幾次約會。但某些極端的例子中，甚至連素材都不需要，「唯一的完美情人」連執迷者是誰都不知道。

護理師蘿莉在中西部的一家大醫院工作。有天早晨，她哭著call in進我的廣播節目。她告訴我，她剛過三十歲，兩年前結束了一段不堪回首的婚姻，現在瘋狂愛上她醫院裡的一名醫師，他們只是在醫院打過照面，沒有任何直接接觸。

**蘿莉**：我不知道該怎麼辦，這也太瘋狂了……他根本就不知道我。對他來說，我只是成千上萬護理師中的一個。他又帥、又迷人，說話風趣，簡直完美。我滿腦子都是他，我想要為他做燭光晚餐，想投入他懷裡，和他上床……然而更糟糕的是，我知道他已婚，很愛妻子。有一回看到他和妻子共進午餐，我痛哭不止，主管只好讓我早點下班回家。我每次和別人約會都不歡而散，因為心裡只有他。但我不能約他出來……你知道，喝一杯什麼的。我的意思是他已經結婚了，這樣是不對的。我知道這樣真傻，但我還是夜夜以淚洗面。我一下子瘦了好多，朋友們都很擔心。那個傢伙就像是主宰了我的生活，他自己卻毫不知情。

蘿莉的羅曼史**完全是憑空臆想出來的**，她沒有理由去奢望那個虛幻的情人同時也在遙望著她。不管怎麼看，事實都是相反的，對方完全沒能注意到蘿莉。但儘管毫無希望，她還是深深地戀慕著這個「唯一的完美情人」。

我把蘿莉這類人稱為「遙遠的崇拜者」。這類執迷者與他們的「目標」既沒有事實上的感情糾葛，也沒有身體接觸，他們用意識精心建構著愛情神話。有時候，一些執迷的戀人與「夢中情人」根本沒見過面（常常是一些影星或名流）。

這類迷戀聽起來很是淒美，其實破壞力不容小覷，對執迷者情感上的摧殘不亞於其他類型的執迷愛戀。而且一旦失控，「遙遠的崇拜」難免會升級為「當面的傷害」，對執迷者和「目標」的生活都會造成極大影響。

## 性愛的魔力

「遙遠的崇拜」到底是例外，並不多見。絕大部分執迷者與他們「唯一的完美情人」之間，從幾次約會到有過婚姻，多少是發生了點什麼的。但不管是什麼樣的愛，「性愛」往往起著重要作用。在諮商中，常聽到執迷的戀人們訴說他們不可思議的性愛經歷。

**瑪格麗特**：我們第一次上床時，我好像直到那一刻才知道真正的做愛是什麼滋味。他在床上的時候竟然詢問我的感受，這是之前從來沒有過的。一次之後，他就瞭解了我的一切——我是說，無論從哪個方面。他用舌尖愛撫我，我都快爆炸了，我們一直持續了三個小時，而且越來越美妙，我們每次在一起都這樣。

瑪格麗特持續飛揚的激情、浪漫的幻想與極致的期待，使得她和菲爾的性愛猶如乾柴烈火，欲仙欲死的體驗讓她把菲爾想像得更無可挑剔。這讓瑪格麗特對菲爾更迷戀，因而他們在一起更是如魚得水。

性加劇了理想化，理想化又使得執迷者更加迷醉，一往情深。在這種發展循環之下，執迷的戀人將火熱性愛看成冥冥之中的某種啟示，讓他們相信自己和戀人本就是為對方而生的。

**瑪格麗特**：他是我的唯一，我的真命天子。當我們纏綿時，我感覺我們兩個人已融為一體，那時候，我們是那樣的貼近。我是說，也只有在床上，我才能真實地感受到他的愛……每當我想進一步確認我們之間的關係時，他就沉默了。

瑪格麗特相信他和菲爾是相愛的，儘管菲爾從未明確說過他對瑪格麗特的感覺。瑪格麗特以為火辣的性就是火辣的表白，一個男人只有愛極了才會在床上百般溫存，那是菲爾的示愛方式。像很多執迷的戀人一樣，瑪格麗特錯把性當成了愛，她這麼做，不可避免地將墜入痛苦的深淵。

## 從熱戀到拒絕

瑪格麗特描述的甜蜜滋味，和我們大多數人在新戀情來到感情高峰期的體驗並沒什麼不同，正因如此，潛在的執迷愛戀在這一階段並不容易被發現，幾乎我們每一個人在戀愛之初，都會一心專注於所愛，滿腦子幻想。在這個階段，我們的生活總是偏離正軌，巴不得一天到晚和對方膩在一起。這種瘋狂的小執迷，只要是階段性的、相互的，基本上無害。但是到了真正的執迷者身上，這個階段簡直沒有盡頭。而且假如最初的激情消退，對方厭倦或移情別戀，甚至乾脆選擇退出，對於被拒絕的執迷者而言，感覺真是從天堂墜入地獄。

## 「被拒絕」是執迷者的噩夢

一旦被拒絕，「健康愛戀」和「執迷愛戀」之間便出現明顯的分水嶺。健康的戀人被拒絕後，會很傷心失去這段感情，然後繼續生活。但是執迷的戀人往往走不出痛苦和恐懼的陰影，拚命死纏爛打。

## 拒絕引發了執迷。

拒絕有時是直截了當的，也有時是委婉暗示。拒絕可以是真實發生的，也可能只是當事人內心揣測。有的人正在承受被拒絕的苦痛，有人隱隱預感將要被拒絕而忐忑不安。有的戀人分手得很乾脆，有的戀人時聚時散，分分合合。有的拒絕來得猝不及防，不留餘地，教人澈底死心；有的拒絕拖泥帶水，慢慢折磨。無論是哪種類型的拒絕，都能澈底激發執迷情結。

## 「被拒焦慮」

沒有人願意被拒絕，這是傷心事，但幾乎我們每個人至少都經歷過一回。當我們全心投入一段戀情之中，都存在著被拒絕的風險，戀愛中的人大多都經歷過患得患失，擔心戀人會離開自己。我稱此為「被拒焦慮」。

在健康的愛情中，隨著感情的進展，戀人們越來越信任對方，被拒焦慮也就自然消退了。不幸的是，對於大多數執迷的戀人來說，這種分離焦慮像揮之不去的噩夢，他們一天到晚疑神疑鬼，生怕「唯一的完美情人」哪天會離開。

儘管情意纏綿，瑪格麗特卻從一開始就處於焦慮狀態，非常擔心菲爾會離開她。三個月後，菲爾終於答應搬來同居，瑪格麗特希望這樣可以給自己多一點安全感，但讓她失望的是，情況恰恰相反。

**瑪格麗特**：有天晚上菲爾打電話回來，說他要和朋友玩牌，晚點回家。他一直玩到凌晨三點才回家，這期間我一直在想：他為什麼寧願和一群狐朋狗友鬼混，也不願意跟我在一起？他是不是不喜歡我了？他是不是開始厭倦我了？他不耐煩了嗎？我試著平靜心情，但我真的很害怕。每次他出門時，我都要問他是不是真的喜歡我，我知道這樣讓他很煩，但我還是忍不住一遍一遍地問——我要聽到他說他愛我。我愛他入骨，甚至連他出去上班都不想。我只想要每一分每一秒都和他在一起。他不在身邊時，我就莫名地心慌，擔心他再也不回來。

瑪格麗特的被拒焦慮一天比一天嚴重，開始沒完沒了地要求菲爾保證愛她，無論大小事，都覺得會導致菲爾離開。她變得特別黏人，要求越來越高，然而這樣不但沒有讓她感覺好一點，反倒加重焦慮，因為她知道這麼做只會讓菲爾越來越疏遠，儘管如此，她還是停不下來。內心深處的執迷以被拒焦慮的形態浮現出來，表現在生活各方面。瑪格麗特原本有著優秀的判斷力，但面對這份執迷愛戀，她卻毫無招架之力。

執迷的戀人把牢牢抓住對方的心當成精神支柱，因而對戀人的一舉一動都格外敏感：語氣跟平時不一樣、一次爽約、有了新嗜好等等，哪怕一丁點的忽略和不周，都能把他們推進冰窖，讓他們感到被拋棄。

為了防止自己被拋棄，許多執迷的戀人試著反覆揣測對方到底喜歡什麼樣的人。他們擔心自己的形象，說話謹慎小心，糾結自己的床上表現，刻意展現得睿智——一切都是為了防止被拋棄。他們處處逢迎，為了讓「唯一的完美情人」滿意而絞盡腦汁。

## 時間也無法撫平焦慮

被拒焦慮不只存在於新戀情之中，我的一位案主哈爾就困在其中近二十年。四十二歲的哈爾是牙醫，體格精瘦，棕髮有點稀疏，笑起來很親切。他找我諮商，因為他對妻子的執迷已經危及婚姻。

哈爾和法蘭結婚十九年，在這段婚姻中，哈爾一直缺少安全感。法蘭是那麼的活潑靈動，走到哪都發光。但哈爾恰恰相反，害羞又沉默。他常常擔心法蘭禁不住誘惑，跟別的男人跑了，好在那麼多年來，他一直竭力把自己的焦慮控制在可容忍的範圍內。獨生女上中學後，法蘭重返職場，和以前一樣做房地產仲介。隨著妻子再度進入社會，哈爾的被拒焦慮大有一發不可收拾之態。

向我傾訴時，他一直不自在地轉著手指上的婚戒。

**哈爾**：她一出去工作我就發現，她回來總是提起那些和她一起工作的男人。後來她有了客戶，有時候還是男客戶，她常常帶著對方單獨在空房子裡晃蕩一整天……我心裡好難受，無法忍受。說不定哪天她就跟別的男人跑了，拋下我不管。

哈爾沒有理由懷疑妻子做了什麼不忠的事或有此企圖。他把自己困在毫無根據的胡思亂想裡。

但他不需要證據，和瑪格麗特一樣，擔憂即證據。惶惶不可終日的結果是，法蘭真的要離開他了。他在家裡製造出猜疑和嫉妒的氣氛，導致與法蘭之間起了重重摩擦。

**對於執迷的戀人來說，「害怕分手」和「真的分手」帶來的傷害是一樣的。**受到被拒焦慮的干擾，他們的所作所為常常激怒戀人，而這讓他們更加不安，一而再、再而三，被拒焦慮終於變成執迷者的自我詛咒。

## 分分合合，反覆無常

分手並不總是乾脆的，當「目標」無法確定自己的感覺時，常常表現得一會兒分、一會兒合，反覆無常。如同被拒焦慮一樣，這種反覆無常相當於直接告訴執迷的戀人：「我、再、也、不、想、見、到、你、了！」

和辛西婭的感情中，唐受盡分分合合的折磨。自從海邊情不自禁的一吻，兩人的感情迅速升溫，每週都在唐的住處見三、四次面，整個下午待在床上。但是唐越來越焦躁，他開始不滿於這樣的約會模式，他想要擁有辛西婭的全部，而且他相信辛西婭一定也這麼想。他們是彼此的唯一，畢竟她說過愛他。

**唐**：我苦等了兩年，等著她離開丈夫，但我可能是太傻了，什麼都沒發生。我不斷告訴自己：好吧，也許我再有耐心一點，也許只要我再等等……但她還是沒有離婚。我心痛得無法呼吸，感覺自己快被撕裂。這一刻她在我懷裡，下一刻她就是別人的。這個星期對我柔情蜜意，下個星期冷若冰霜，似乎想要離開我，我快要崩潰了。今天她跟我上床，明天又找各種藉口不見我。我不知道該怎麼辦，是去，是留？簡直要瘋了。

辛西婭對唐的忽冷忽熱、若即若離，我們稱為「間歇性強化」。她有可能是想玩點小伎倆，同時擁有兩個男人，也可能是左右搖擺，拿不定主意，還有可能是想利用唐來挽救自己的婚姻，也許她只是沒有勇氣離開丈夫。無論辛西婭的動機是什麼，對於唐來說，結果是一樣的，溫存的時刻給了他繼續守候的動力，冷漠的時刻加劇他的被拒焦慮。

這種若即若離、忽冷忽熱的對待，讓執迷者感覺一會兒上天堂，一會兒下地獄。一方面害怕失去「唯一的完美情人」，另一方面，他們拒絕接受自己的戀情可能走到了盡頭的事實。

## 激情一瞬間，傷痛恆久遠

唐因這段感情痛苦了好幾年。對於許多執迷的戀人來說，幾夜激情就足以讓他們相信戀情再真實不過，這時若對方失去了興趣，執迷者的反應有如多年的感情被毀，痛不欲生。

我的另一名案主諾拉就經歷了這樣的事情。諾拉二十九歲，一頭漂亮的黑髮、綠眼睛，在比佛利山經營一家高級服裝店。她的背景稍複雜，十四歲懷孕輟學，成了單親媽媽；為了養活自己和孩子，她堅持打兩份工，整天忙於生計，極少與外界接觸，後來辭掉晚上的工作，上夜校拿到高中文憑。這段日子雖然偶爾有約會，但從沒發展為正式的戀人關係。女兒上高中後，越來越獨立，諾拉開始感覺到很孤獨，便放話給朋友說自己準備正式談戀愛。朋友們紛紛向她介紹合適的男性，隨後她在眾多約會中，遇見湯姆。

諾拉和湯姆約會了幾次，而且看起來確實很談得來，便告訴幫他們牽線的朋友說，她決定要與湯姆共度餘生。

**諾拉**：我滿腦子只有他。我坐在家裡一邊吃東西，一邊等著電話。我是說，當我們在一起時，他讓我感覺時光是那麼美妙，我是真的那麼以為。第一晚我就和他一起睡，那簡直完美，我們的身體就如同互補，天生就是為彼此而生，他說他也這麼覺得，確實如此。我們一起出去了好幾次，一切看起來發展順利。可是他忽然不再打電話來，就那樣消失了。我傳給他好多訊息，但他沒有回覆。我們在一起是那麼美好，他怎麼能這樣對我？

他們的「在一起」，不過是幾次約會、幾次感覺不錯的上床，但諾拉就此認定湯姆是她「唯一的完美情人」。當湯姆不再打電話、回訊息，她真的覺得像失去一段重要的感情，痛苦難耐。諾拉和瑪格麗特一樣，錯把性當成了愛。

其實八字還沒一撇，執迷的戀人是如何將一棵樹當作整片森林，將一滴露珠看作整個宇宙的？這真是令人吃驚。雖然才約會四次，被拒絕的痛苦對諾拉來說好像兩人已經交往了四年似的。很明顯，她感受到痛苦的程度與他們關係的程度不相符，痛苦之深取決於她的執迷。執迷的愛扭曲時間，誇大感受，自導自演了一齣悲情戲。

## 即使事實擺在眼前，也依然否認

當執迷的戀人遭到拒絕時，往往會選擇裝聾作啞，顛倒黑白，彷彿「否認」是情感的避風港。面對拒絕，「否認」是人們最常用的防禦武器，最極端的例子中，執迷的戀人會全盤否認事實，而相信所有現實都是假的，但大多數情況下還不至於如此，而是：

1. 他們會找一些看起來合理的原因或解釋，把現實狀況合理化。
2. 他們會試圖簡化事情的嚴重性。

「否認事實」看起來能夠保護我們免於痛苦，但其實並不能消除痛苦，那只不過是暫時的逃避。你只能騙得了自己一時，事實上，逃避得越久，等到不得不面對現實時，你就會越痛苦。否認現實，是走上了一條不歸路。

## 將拒絕「合理化」

合理化是最常見的否認形式。這是一種自我防衛機制，一旦遭到拒絕，執迷的戀人就會搜索枯腸地找出各種合理化的原因來逃避現實，為對方的行為進行解釋、開脫。

在此有幾個執迷者常用的合理化藉口：

- 「我知道他跟其他女人勾搭，不過那都不是認真的，他真正關心的只有我。」
- 「她總是不接我的電話，但我知道，她只是對我的感覺太強烈了，手足無措而已。」
- 「他是對我不冷不熱，不過他要是能戒了酒，情況就大不相同了。」
- 「他有三個禮拜沒消息了，一定是太忙了。」

・「她居然搬去和那個傢伙同居！但我知道，她只是想讓我嫉妒。」

儘管這種用否定逃避現實的做法並非執迷愛戀獨有，但直到戀情已經很明顯無法挽回，執迷者仍然試圖以合理化來逃避傷痛。諾拉在這方面就很有創意。

**諾拉**：說不定有一天，他會忽然打電話來說：「我在等著看你用什麼方法把我哄回去。」就像一場遊戲，他是故意試探我。有一天我拿起電話，他會在另一頭說：「好啦，我們結婚吧！」我知道他心裡一直是這麼想的，我比他自己更瞭解他。

諾拉的「合理化創作」讓她得以暫時不用面對痛苦、失望和挫敗。她不願面對被湯姆拒絕的事實，執著於一個信念：

**「他真的愛我，只是他自己不明白。」**

執迷者通常認為自己比對方更瞭解對方的真實感受。相信如果付出更多的愛，對方終會被喚醒，捧出一片真心。在合理化的詮釋下，執迷者把對方的離開簡化成小打小鬧。

## 另一種逃避：「選擇性關注」

如果你對執迷的戀人說：「我們之間完了，我不想再看到你，你也別再聯絡我。你是個好人，只是我們不適合。」執迷者通常只能聽到「你是個好人」，他們從一段明顯的拒絕中挑選出一句肯定，用這麼一點肯定來大大地減輕負面涵義。我把這種逃避的方式稱為「選擇性關注」，執迷戀人的標配。

**唐**：兩年半過去了，她終於離開了丈夫。我想：這下好了，她很快就要搬來我這裡了。但她沒有。事實上，她看起來不大想見我，我怎麼想都想不透。她找了好多藉口不來看我：太累了；工作上出了點問題。而且，她居然沒有離婚，只是分居，我簡直要瘋了！萬一她又回去了呢？萬一她又找別人呢？我心灰意冷了一、兩天，然後明白了：她只是需要時間調整自己。她只是沒有安全感，需要時間而已。第一天，我都想要跳崖自殺了，第二天又說服自己，只要默默地耐心等待，她總有一天會投入我的懷抱。畢竟，從來沒有哪個男人能像我這樣對待她，這是她說的。

幾句甜言蜜語成了唐的救命稻草。他緊緊抓住辛西婭隻言片語的鼓勵，用來為她的言行不一開脫。兩個星期後，辛西婭搬回丈夫那裡，唐澈底崩潰。但不久之後，辛西婭又和唐約會。吞下「逃避」這枚還魂丹，唐復活了，完全無視辛西婭回到丈夫身邊意味著什麼。此後，唐和辛西婭繼續交往了兩年，在這兩年裡，他一直在逃避與絕望之間擺盪。絕望時，辛西婭的婚姻如同難以橫越的障礙；逃避時，障礙就變得不值一提。

瑪格麗特則將選擇性關注的神技發揮到極致。

**瑪格麗特**：菲爾開始每週有幾次晚歸。後來有一天，他搬走了，我不敢相信。他叫來一個朋友，開著貨車把他的東西都載走了。他說他只是需要一點空間，這話真傷人。他是要跟誰有空間？我。還好，至少他每週有一、兩個晚上來我這裡過夜，所以我知道他心裡有我。

瑪格麗特忽視了一個事實：他們之間只剩下性了。菲爾明顯已經對她失去興趣，她抓住這一點點溫存，以為他們之間還有愛。

在抓住「唯一的完美情人」的艱苦征途中，執迷的戀人搜尋著任何一點破碎希望，讓自己相信還有愛，與此同時，封鎖所有與幻想相悖的證據。他們是逃避大師。

執迷者總是懷著神奇的期待，指望著戀人來填補生命的空白，高明的性愛和最初的激情支撐這樣的期望。他們執迷於這段戀情，一旦遭到拒絕，就當真以為自己再也不會愛，再也不完整，因而抓住想要離開的戀人，不願輕易放手。對於執迷者來說，已經不只是愛的問題了，這是生存之必須。

# 第二章
# 肆虐的情感

我一整晚都在打電話，但是她不接。所以我就不停地打電話，一遍又一遍，像個機器人，重撥，重撥，再重撥，再重撥……我必須跟她說話，要不然我會死。——羅伯特

不管是誰，被拒絕總是如打開了痛苦之淵的閘門——不願接受的痛苦、感覺被羞辱的痛苦、失去信心的痛苦、重新揭開傷疤的痛苦……傾洩而出。

無論是身體的痛或情感的痛，都是在告訴我們：有些地方需要改變了。這是一種本能，感到痛苦時，人自然而然想要做點什麼好減輕痛苦。健康的戀人總是以積極方式對待被拒絕的傷痛，儘管這並不容易，他們能夠面對自己的痛處，承認自己在這場感情中的失敗，盡力放下無法挽留的人。

但是，執迷的戀人可做不到就此放手，而是反覆做出一些必定會傷害自己或對方的行為，更多的時候是傷己也傷人。他們全力以赴地做一些傻事，讓行動取代感知，沒時間去痛苦。這種以消極行動轉移痛苦感受的做法，在我們心理學的領域，叫做「宣洩」（又稱為「行動化」）。

## 透過自我懲罰，宣洩痛苦

我們在報紙、電影或電視上看到的執迷戀人，大多是強行闖入「目標」的生活，威脅或者傷害他們。其實很多執迷者遭受拒絕後的反應是針對自己，不自覺地做出一些折磨自己的精神、甚至身體的行為。

舉個例子，湯姆不再打電話給諾拉後，諾拉太過痛苦而生病了，她的自我懲罰行為卻只讓情況變得更糟糕。

**諾拉**：我的胃開始絞痛，難以置信的痛。老天啊，他為什麼不打電話給我？我無法去上班，只能坐在家裡，失魂落魄地望著電話，酒一瓶一瓶地喝……吃垃圾食物，喝酒，吃著，痛著，吃著，醉著……一刻不停地想他。

諾拉疲憊不堪，反覆咀嚼湯姆帶給她的痛苦，還用上失戀者的兩大法寶：食物和酒精。自我懲罰的執迷者常常酗酒，暴飲暴食或者絕食，嗑藥，賭博，工作上表現得暴躁或心不在焉，嗜睡或者失眠，疏遠家庭和朋友。在一些極端案例中，執迷者甚至選擇自殺。

諾拉很可能是因精神壓力引發胃痛，但她繼續做讓病情雪上加霜的事。她想拿酒精麻醉自己，用垃圾食物填補內心的空虛。不難想像，這樣消極的生活方式讓身心狀況更糟糕，但對於諾拉而言，胃痛總比心痛好。

## 「迴力標效應」

我告訴諾拉她正在傷害自己，她感覺難以理解——難道不是湯姆傷害了她嗎？誰會跟自己過不去呢？我告訴她，有的痛苦看得見、摸得著，有的痛苦則深藏於潛意識中，難覓蹤跡，都需要我們與其抗爭。

被拒絕讓人有凌辱感，好像被狠狠摑了一巴掌，打擊了我們的自尊，擊碎我們的美夢，所以遭到拒絕時，我們既傷心又憤怒是在所難免的。考慮到諾拉的處境，她忽然莫名其妙地被拋棄了，怎能不生氣。但她自己沒意識到這一點。那麼她又是怎麼做的呢？

我認為諾拉是把對湯姆的憤怒轉嫁到自己身上。她越是努力地壓抑憤怒，越是把自己繞進胡思亂想和鬱鬱寡歡的漩渦裡。

諾拉的椎心之痛，在執迷者身上普遍存在。大多數心理學家把這種化一腔怒火為自怨自艾的心理現象，稱作「行動內化」，「行動」一詞在此指的是行為，不過這種類型的痛苦往往多投射於情感，而非行為。事實上，有時我將這種現象叫做「迴力標效應」。因為當我們無法很適切地表達和處理內心的憤怒時，這些感受就像一枚凌厲的迴力鏢，最後傷的是自己，自作自受，接著憤怒的情緒鑽進我們的潛意識深處，偽裝得如同敏感的變色龍，變化成各種各樣的症狀，從頭痛到疲憊、沮喪。

## 痛苦：一種絕望的連結

無論男女，執迷的戀人往往很難表達自己的憤怒，這在女性執迷者身上表現得更加明顯。因為世俗觀念教導女性最好溫柔婉約，相反地，不管是暴跳如雷或顯露怒意，都有失優雅。和諾拉一樣，大部分女性都學會控制情緒，相較於承認自己在生氣，寧願選擇隱忍。

在執迷的故事裡，「痛苦」是一個特殊角色。對於執迷的戀人來說，無論男女，痛苦都是他們與那段已逝或奄奄一息的感情之間，唯一的一絲連結。品嘗痛苦，使得已經離去的戀人又栩栩如生地走進他們的生命。他們的愛情已經被埋葬，但至少痛苦維持著氣若游絲的感受。為了留住那最後的餘溫，執迷者不顧一切，只沉迷於痛苦之中，拒絕療傷。

除了與過去的戀人維持最後一點點連結，痛苦還為執迷的戀人提供了一種奇怪的情緒副作用——承受痛苦，讓諾拉覺得自己很勇敢。

**諾拉**：儘管我跌入谷底，但至少我知道這一切都是因為愛，所以一切痛苦都顯得那麼有意義。我覺得自己像是這場愛情裡的殉道者。

對於諾拉和很多像她一樣的執迷者來說，深深的痛苦意味著他們的戀情還沒有完全逝去。這讓諾拉感覺有安全感，甚至有點驕傲，因為沒有誰能像她那樣為湯姆傷心。

在熱戀階段，執迷的戀人陶醉在濃情密意裡，一旦對方執意分手，往日的激情被擊碎，愛情走了，只好用痛苦去填補這份空虛。至少，痛苦也是一種激烈的情感。

被拋棄時，儘管絕大多數執迷者選擇了自我懲罰和化憤怒為痛苦，但只有少數執迷者能夠到此為止。這些行為只有傷害自己，但自作自受只是序曲，隨後就進入了傷己也傷人的階段——他們往往透過死纏爛打的方式，干擾對方的生活。

## 不放棄的「執迷追求」

當被拒絕讓執迷者感到生活失去了控制，他們眼裡往往只剩一條路可走：阻止戀情走向消亡，或是挽回已經逝去的戀情。執迷者的目的是讓對方重拾舊愛，而當他們一旦決定這麼做，無一例外地，不是拿自己發洩，就是找對方發洩。

積極追求不一定是執迷的表現。戀愛中的一方偶爾會表現出一點倦怠，原因很多，比如初嘗愛情時害怕受到傷害，這種情況下，些許的追求能夠鼓勵對方放下戒備。不過，追求應該有限度，如果對方執意離開，比如移情別戀、與前任舊情復燃，或是出於其他原因決定要走，那麼是時候該放手了，不管有多痛。

然而，對於執迷者來說，讓他放手簡直像是要他的命。見對方離開，他們唯一會做的就是追回來……追回來……必須追回來！

## 執迷追求的手段

執迷者總是試圖透過一些追求手段來挽回感情。這些行為往往太越界、具有侵略性、令人恐懼，有時甚至是危險的。他們最常用的執迷追求手段如下：

- 送一些禮物、鮮花或情書給對方，儘管對方不想接受。
- 找藉口跟對方見面。
- 不斷的電話騷擾。
- 經常開車路過對方住處或工作的地方。

・總是不打招呼就跑到對方家裡或辦公室。
・跟蹤對方。
・威脅要自殘或傷害對方。

有些執迷追求手段看起來相當溫和，但落實到行動上卻很強勢。吉姆送給葛蘿莉亞六打玫瑰看似很浪漫，其實是勉強對方。吉姆以為自己的玫瑰充滿了愛意，其實他是在對抗自己的無力感，葛蘿莉亞的離開讓他感覺特別挫敗，他就用送花的方法強行介入葛蘿莉亞的生活。葛蘿莉亞不想再與吉姆有交集，也不想再回憶，但他仍然把自己的一廂情願強加於她。執迷者最挫敗的事情就是被拋棄。他們透過各種追求方式來掩飾自己的無力感，讓自己看起來仍然是主動的。

## 製造藉口

當瑪格麗特和菲爾之間只剩下偶爾的性關係，瑪格麗特試圖讓菲爾多來看她幾次。她借助於一種看起來很無害的方法：找藉口見面。

**瑪格麗特**：我常常夜裡一點才睡覺，四點就醒來了，噩夢連連。他離開以後，我瘦了好多，好像漸漸枯萎了。所以我絞盡腦汁地找各種藉口讓他來看我：我正好多了一張音樂會門票；故意弄壞東西，找他來修。有一天晚上，甚至謊稱有小偷，要他過來看一下。他在車站時，我打電話；他在家時，我打電話；他在他哥哥家時，我也打電話。我甚至還打電話到他常去的酒吧，打去所有我覺得他可能去的地方。我編造很多藉口讓他過來，他也有很多理由不過來，我就繼續找理由。

瑪格麗特透過編造各種笨拙的藉口去找菲爾，一廂情願地試圖維繫感情。儘管那些奇奇怪怪的藉口可能會讓菲爾煩惱，好在相對來說沒造成多大傷害，但瑪格麗特卻因此很受傷。她反覆地對自己的行為感到羞恥，覺得自己在菲爾面前非常卑微，總是她主動，總是她在追求，總是她在付出，但是菲爾卻沒能給她對等的回應。她太想見到菲爾了，但顯然他不想。不管菲爾多麼想要一走了之，她還是不願放手。借助各種理由的糾纏，她覺得自己好像不再那麼無力，儘管菲爾離得越來越遠。

## 電話騷擾

對付想要逃跑的戀人，執迷者最常用的工具就是電話。這並不是指偶爾電話聯繫，而是那種反反覆覆、沒完沒了的電話騷擾。執迷者只剩下電話能聽一聽那熟悉的嗓音了。

執迷者用電話來抗議對方的漠視，透過電話打聽對方在哪裡，來消解自己內心的不安，藉由電話來判斷對方身邊是否有別人。

三十九歲的羅伯特是我朋友的表哥，聽說我在寫這本書，他打電話向我諮詢。羅伯特的女友不久前提分手，並且再也不願見他（謝天謝地，幸虧她分手了），讓他憤怒到連自己都感到害怕。

羅伯特一頭金髮，臉上有雀斑，相貌平平，在一家音響店當銷售員。他離過兩次婚，有家暴史，兩次婚姻都沒能維持多久。透過他的描述，我推測他在兩次婚姻中都是執迷愛戀。

前來諮商時，羅伯特愛著莎拉。莎拉是一名醫學祕書，曾經是羅伯特的顧客。經歷兩年起起落落、陰晴不定的愛情，莎拉厭倦了羅伯特的嫉妒心，提出分手。羅伯特簡直不敢相信，一個月來，他不斷打電話給莎拉、守在她家門口、寫信，但是一點用都沒有。

儘管莎拉拒絕見面，羅伯特仍糾纏不休，覺得自己一定得做點什麼，好讓她後悔分手的決定。電話成了他的救命稻草。

**羅伯特**：我記得那天是我的生日，我去她家，想要給她一個驚喜，但我只給了自己一個驚嚇：她家裡居然有另一個人。我的心都碎了。看得出來，她很不高興。我回到家裡，開始打電話給她，她不接，我就不停地撥電話。我要跟她說話，我要她回來，我要她明白她需要我。這是我的生日啊！她必須跟我在一起，管她情不情願，都不重要！

羅伯特相信只要莎拉接電話，他一定能說服莎拉相信他們的感情還沒有完。事實上，他的電話騷擾（當然不只有電話騷擾）令莎拉非常反感，干擾了她的私生活，煩得她再也不想理他。他忘了一個事實：莎拉有權根據自己的情感做決定，有權支配自己的生活。羅伯特自作多情地堅信只有跟他在一起，才是莎拉最好的選擇，莎拉就是為他而生。

## 意味深長的「撥了又掛」

諾拉僅僅和湯姆見過四次面就陷入執迷戀情。她獨創了一種奇特的電話騷擾模式，不同於羅伯特只想著逼對方跟他說話，諾拉是每次打電話給湯姆，等湯姆一接電話，她馬上掛斷。

**諾拉**：上個週末，我打電話給他，最後他接了起來，但是當聽到那句熟悉的「哈囉」，我驚慌失措地掛上電話。我是覺得，說什麼好呢？我知道他不想跟我說話。然後我想也許自己可以再試一次，所以又撥了他的電話，但這次回應我的是語音留言。我想一定是有別的女人在他身邊，他才掛斷我的電話。於是我反覆撥電話、掛電話、撥電話、掛電話，至少重複了二、三十遍。從那次以後，我每晚都打電話去，一句話都不說，只是想要……我自己也不知道想鬧什麼。我只是不停地打電話，也許只是想知道他在不在家。我不停地打電話，掛電話，這真的很瘋狂，他一定知道是我打的。但是……我不曉得，也許這就是我想要的。

確實，這才是諾拉想要的：湯姆知道打電話的是她。不管湯姆是接起電話還是語音回覆，都能感受到她的出現，這樣湯姆就不會忘記她，就不能夠再輕鬆自在地去找新歡。我認為諾拉這種電話騷擾是一種執迷追求手段。儘管她的「宣洩」行為看起來不僅沒能挽回湯姆，反而讓湯姆更加疏遠，但她還是拚命抓住最後一點氣若游絲的牽連，想要湯姆注意到她的存在。

在執迷者看來，聯繫勝過一切，他們使出渾身解數找機會去和對方聯繫，花樣百出，儘管彼此的關係只剩下不斷的拒絕。旁人看來，執迷者這樣不斷地騷擾「唯一的完美情人」，根本無益於修補關係，但執迷者自有一套邏輯。

## 守在車上監視

電話騷擾遠遠不是執迷者追求「目標」的終極模式，這只是一個起點。大多數執迷者很快就發現了，電話追蹤滿足不了他們的需要，他們急切地想要和對方近一點，再近一點。

電話攻勢進行了一個禮拜後，諾拉覺得和湯姆之間的聯繫簡直沒有進展，她有必要再追緊一些。

**諾拉：**我開始常常開車到他家門口，只是想要知道他是不是一個人。但我不想讓他看見我像個菜鳥間諜似的在跟蹤，所以我租不同的車，好讓他看不出是我。我常常半夜兩、三點起來，開車到他家門外，看看停車位上有沒有別的車。要知道，過去我在他家過夜時，總是把車停到那裡的。他的車庫裡放了一艘小船，所以客人來訪時，車得停在外面。我看到另外一輛車停在他的車旁邊，一定是他的新女友。每當我看到這情景，痛苦就加深一層，但一到夜深，又跑到他家門口。我知道我像個傻瓜，但我管不住自己。

諾拉這樣不嫌麻煩、不計花費地租車隱藏身分，說明她為自己的做法感到多麼尷尬。但就算費心思、花鈔票、傷顏面，也擋不住她夜夜緊迫盯人。

一開始，諾拉只是想知道湯姆拋棄她是不是因為移情別戀，事實上的確如此，她證實了自己的猜測。然而，得到這個結論也沒能讓她對湯姆澈底死心，她繼續深夜租車開到湯姆家門口。她已經沒必要再蒐集證據了，只是駕著車去品嘗那份痛苦，執迷於此。

守在車上監視看起來似乎算不上執迷追求，因為這種行為之下，執迷者與「目標」之間沒有直接接觸，而且大多數「目標」並未發現自己被監看。但事實上，這同樣是一種執迷追求手段，動機不外乎想要尋找與對方接觸的機會，或是方便探查隱私，比如對方在哪兒、跟誰在一起、最近都在做些什麼。

## ・「我控制不了自己。」

和其他執迷追求行為一樣，守在車上監視也容易成癮，成為執迷者生活中的一個壞習慣。執迷者常常為自己跑到對方家或辦公室感到吃驚和困惑，就好像有某種力量驅使著他們，讓他們無法控制自己，儘管明知這些行為沒有任何意義，而且有損自尊。

這種情況發生在唐的身上。辛西婭搬離丈夫後，並沒有搬來和他一起住，而是和閨密住在一起，讓唐非常失落，開始提心吊膽，擔心辛西婭想要拋棄他。

**唐**：我想，既然她能對丈夫撒謊、背叛、不忠，難道就不會這麼對我？我在上班時間打電話給她，她常常說在外面跑業務，我會開車去看她的車是否還在。而且我常常晚上開車到她丈夫家門口，去看她是否在那裡，儘管一次都沒撞見，我還是忍不住會去。

和辛西婭交往時，唐已經是執業律師，可是在這段感情中，訓練有素的律師思維一點也幫不了他。他不認為能夠控制自己的行為，當他說自己停止不了荒唐的行為時，幾乎與所有找我諮商過的執迷者一樣異口同聲：「**我控制不了自己。**」

有了這個藉口，他乾脆順勢而行，澈底放掉其他選擇，屈服於自由意志。他讓痛苦主導自己的行為。

### ・「我只是想要離他近一點。」

對瑪格麗特來說，守在車上監視是出於渴望。她沒有猜疑和嫉妒，只是因為思念。她想要每天都和菲爾在一起，但菲爾不允許，所以她去菲爾家守著，至少這樣可以感受他的存在。

**瑪格麗特**：如果不能跟他在一起，至少我要離他近一點，否則我只能乾坐在家裡，痛不欲生。所以我開車到他家。我對兒子撒謊說要去買東西或有其他事，叮囑他若有緊急情況就打電話找鄰居幫忙，然後留他一個人在家。我到底在做什麼啊？我就像個陷入迷戀的傻瓜高中生，可是我已經三十多歲了。我需要看到他的車，或者他家裡亮著的燈，有幾次甚至從窗外望見他的身影，這讓我感到好受些，知道他就在那兒，我們很近。但隨後我常常感覺很糟糕，這樣遠遠不夠。

這是多麼淒美的愛情啊！瑪格麗特孤獨地坐在車裡，哀傷地望著那座珍藏著她夢想的房子，捧著殘碎的夢，忍受著內疚的折磨。

瑪格麗特不僅要忍受失戀的痛苦，還要承受對兒子越來越沉重的罪惡感，畢竟孩子是她的至親。由於這段執迷愛戀，她對兒子越來越沒耐心，甚至還常常對他撒謊，把他一個人留在家裡。身為父母的執迷者當意識到自己為了追求愛情，耗盡時間和精力，忽略了孩子，常常會感到自責不已。

## 不速之客

電話和跟蹤使得執迷者越來越渴望直接接觸，熱切地想要見到心上人，常常編造一些理由，在沒有提前告知的情況下去見對方。他們常常找藉口如：「剛好路過」、「我今天多做了些好吃的」、「有一件衣服忘在這裡了」、「來還一本書」、「我新買的衣服看起來怎麼樣」、「電話出問題了，來看看你還好嗎」、「有一件人生大事，來徵求意見」、「那裡開了一家新餐廳，心血來潮請你去吃頓飯」等等。在一段健康的愛情裡，這些藉口都挺讓人開心的，但到了執迷者和他們追求的「目標」之間，只會讓對方感到惺惺作態，甚至令人生氣，更加不想再見面。

瑪格麗特祭出新招，開始每週「順路」拜訪菲爾好幾回，甚至想要約他出去喝幾杯。有幾次她甚至夜晚跑到他家，說自己「路過」。一般情況下，菲爾在這些「順便來訪」時還能保持基本禮貌，直到有一次，瑪格麗特出現在一個錯誤的時間。

**瑪格麗特：**一個週六晚上，菲爾要去參加一場單身派對，但他說等結束後可能會給我電話。我很激動，以為我們能共度那一夜，但是他沒有打來，我一直等到凌晨三點多，才澈底放棄去睡覺。第二天一早，我打他的電話但不通，查詢線路，才知道話筒沒掛上。我想會不會發生了什麼事，趕緊開車去他家，一路上都在排練見到他時該怎麼說。我知道這麼冒冒失失地跑過去，他會不開心，但仍然盤算著只要他肯讓我進屋，我可以幫他做美味的早餐，他會感覺好一點的。可是，當他穿著睡衣打開門時，他的臉色就變了，我知道自己犯了大錯。「我屋裡有人，」他說：「我昨晚喝多了，她送我回來的。」呃……我瞬間崩潰。我知道，他不再是那個把我捧在手心的「溫柔先生」了。但我覺得要是給他足夠的時間……我是說，我曾經以為這個人是那麼的愛我，但是那一刻，他擊垮了我。

即使沒撞見菲爾屋裡有別的女人，瑪格麗特也應該清楚他們的關係已經走到盡頭，雖然菲爾沒有明確說出來，但是他的退出已經非常明顯了。

不幸的是，瑪格麗特沒能接收到菲爾的分手信號。像瑪格麗特一樣，許多執迷戀人自有一套特殊的信號過濾系統，啟動否定大法，表明對方不再感興趣的任何證據都過不了他們神奇的過濾系統。假如執迷者一連吃了五次閉門羹，他們還會去嘗試第六次。他們不會得到教訓，而是傻傻地盼望著總有一天能敲開對方的心門。

即使所有證據都指向赤裸裸的現實——對方確實不再對他們感興趣了，大多數執迷者也能置現實不顧，只求有幸能再見到對方，哪怕看一眼也行。當現實與迷戀背道而馳，執迷者搖身一變，個個都成了敢於挑戰現實的唐吉訶德，這位偉大的小說主角言簡意賅：「現實是真理的敵人。」

## ・「她怎麼能這樣對我?」

瑪格麗特心存僥倖,至少勉強還有一絲現實依據,菲爾對她儘管沒了愛意,至少他們偶爾還上床。但吉姆的情況就全然不同,有充足證據顯示葛蘿莉亞不想跟他有任何接觸。她叫吉姆不要再打電話了,拒絕在任何地方見面,把所有情書都原封不動地退還,扔了他的玫瑰,甚至警告他要報警。

**吉姆**:那次在街上大鬧的兩個星期之後,我決定試著找她談談。我想要是人多的場合,她應該不會鬧起來。她有時候真是滿歇斯底里的。所以我避開警衛,進了電梯,再穿過閱覽室,緊張得都有點發抖了。走到她的辦公室門口時,我想若是這麼直接推門進去,萬一她在開會或是什麼的,一定會抓狂,於是我敲敲門。她打開門,一看是我就砰一聲在我眼前關上門,然後把門反鎖。我想不通她為什麼反應這麼激烈,我只是想說說話而已。我忽然感到很丟人,那麼多雙眼睛都在盯著我。我求她不要這麼不講理,但她直接叫我滾,否則她要報警。眾目睽睽之下,我恨不得找個地洞鑽進去。她怎麼能這麼對我!我只是想說說話而已!沒多久,保全人員就來了,他們喝斥我離開。我不大記得自己做了什麼,只記得大喊大叫著踢她的門,保全把我拖走了。這是我這輩子頭一回澈底失控,我自己也嚇到了。

實際上，早在被葛蘿莉亞辦公大樓的保全拖走之前，吉姆**已經失控了**，只是他沒有意識到。幾個月以來，他屢次不請自來的糾纏讓葛蘿莉亞陷入恐懼和憤怒，痛苦不堪，而吉姆以為自己不過是單純地想跟前女友敘敘舊而已，並沒有過分的企圖。當葛蘿莉亞請出保全，吉姆覺得她對自己太不公平。被葛蘿莉亞拋棄的憤怒和挫敗感最終浮上水面，他爆發了。和很多執迷者一樣，吉姆覺得自己是受害者，儘管正是他們把「目標」的生活攪成一場噩夢。

在上一章，我們討論過，執迷者透過選擇性關注來簡化自己被對方拋棄的事實。到了執迷追求的過程，選擇性關注又大顯身手，使得執迷者忽略自己的行為，這方面，吉姆堪稱奇才。他從不覺得自己傷害過葛蘿莉亞，儘管他隨時隨地冷不防地出現嚇壞了她，惹得她憤怒不已，但他意亂情迷，對自己的所作所為帶來的影響毫無覺察。他只是無法理解：葛蘿莉亞有必要這麼煩亂嗎？吉姆一心只想追回葛蘿莉亞，完全看不到自己的執迷追求把她的生活搞得一團糟。

吉姆認為自己別無選擇，他必須追回葛蘿莉亞。他做的事情和全天下用情至深的人們一樣：攻破她不明智的心防，讓真情感天動地。說到底，自己是一個可憐的傷心人，只不過是想要跟她說說話，又不是什麼大事，她怎麼就這麼固執呢？

吉姆看不到，正是因為自己過於強人所難，才使得葛蘿莉亞下定決心不理會他。他已經把葛蘿莉亞逼到牆角，她別無辦法，只求能保護自己。如果說有誰傷害了吉姆，那就是他自己。吉姆把執迷強加於葛蘿莉亞，親手譜寫了自己的悲劇。

## 跟蹤

就像獵人潛伏在暗處，悄悄觀察毫無察覺的獵物一樣，許多執迷者悄悄尾隨著「目標」，像諜報片中訓練有素的跟蹤者一樣，悄無聲息地尾隨「目標」，從飯店到酒吧，各種公眾場合，在對方的家門口或辦公室外守候、跟監。

我們在上一章提到的牙醫哈爾便跟蹤自己的妻子。當女兒上了高中，妻子法蘭返回職場，哈爾就開始懷疑妻子有出軌的念頭。他非常害怕妻子會拋下他，跟別的男人跑了，因而控制欲越來越強。如果法蘭在聚會上和異性說話，他便指責她處處留情。要是法蘭在家裡接到男同事的電話，他就生氣。而且他總是不厭其煩地打聽法蘭每天的行程。

哈爾的疑神疑鬼讓法蘭越來越反感，她開始漸漸疏遠，不想理會他。而哈爾則認為妻子的疏遠就是出軌的鐵證，正好印證了他的懷疑。他變本加厲，對妻子橫加干涉。法蘭由不滿變得憤怒，丈夫的無理取鬧耗盡了她的感情，所以她在身體上也開始排斥哈爾。過分的執迷之下，哈爾正在親手把噩夢變成現實。

等女兒上大學，法蘭覺得自己終於能解脫，可以選擇離開哈爾了，但是當她說出這個決定，情況變得很糟糕。哈爾非常驚恐，發誓他願意為法蘭做任何事，只要法蘭再給他一次機會。法蘭說她想要先分居一陣子，除非哈爾做心理諮商，否則她不會原諒他。

儘管是在法蘭的要求下，哈爾才來向我求助，但其實他也意識到自己的行為偏激，幾近失去控制，他很焦慮，也想做出一些調整。在我們第一階段的輔導中，哈爾對於他的過去支支吾吾，覺得很尷尬。但我最終引導他敞開心扉，把過去幾個月中，他如何一步步執迷至此的過程全盤托出。

哈爾談到他「瘋狂地指責」、「庭訓似的審問」，以及每隔一小時打電話去法蘭辦公室的事。然而做了這麼多，也沒能緩解猜忌，妒火中燒的他根本不打算相信妻子說的任何一個字。

**哈爾**：大約在一個月前，我開始跟蹤她。我打電話到她的辦公室，約她出來共進午餐。但她說不行，正好有個午餐會議。這聽起來有蹊蹺，所以我取消了下午的工作，開車到她的公司外，把車停在一個不顯眼的角落，好讓她發現不了，然後等著她出現。大約十二點半吧，我看見她和她的老闆一起走出來，一邊走，一邊說話，看起來十分親密，我敢肯定他們絕對不是在談工作。我悄悄地跟著他們穿過街道，到了一家挺時髦的餐廳，然後又去了酒吧的角落。他們看不見我，但我一直看著他們。

我一肚子怨恨地看著他們濃情密意地共進午餐，但隨後來了兩個客戶加入他們，頓時讓我感到自己特別不堪。我到底在想什麼啊？就好像我頭一次反觀到自己真實的內心，連自己都覺得噁心、可怕。我一定得好好反省。但僅僅兩個星期之後，我又開始了新一輪的疑神疑鬼……

哈爾知道法蘭越來越疏遠他。他對妻子的愛那麼真切，不相信是自己造成的隔閡，認為一定是有人介入他們的感情，妻子的疏離絕對不是因為他有什麼不好。結果，哈爾的生活裡多了一個「影子第三者」如幽靈般折磨著他。

跟蹤者總有一套荒唐的邏輯來替自己的行為開脫。哈爾是這樣解釋的：儘管他也對此感到羞愧和自責，但至少這能讓他稍稍從猜忌的痛苦中掙脫片刻，在執迷、嫉妒的煎熬中，帶給他片刻寧靜。但寧靜只是暫時的，不管多少次證明法蘭是清白的，哈爾的猜忌之心還是會捲土重來，他對未來毫無信心。

## 執迷的嫉妒

哈爾長期深陷於無來由的嫉妒和猜疑中，可能是患有一種叫做「偏執型人格障礙」的心理疾病，這種心理問題**經常**表現出無法抑制的嫉妒、猜疑、過分敏感，而且總是心懷敵意（請不要和「偏執狂」混淆，偏執狂是一種嚴重的精神疾病，表現為強烈的被害妄想和自我放大的誇大妄想）。

當執迷者具有偏執型人格或有此人格傾向時，我不得不擔心他有暴力傾向。就算哈爾和法蘭沒有分居，我也會堅持讓他們分開一段時間作為治療手段，儘管哈爾沒有暴力行為的前科，不嗑藥，也不酗酒。因為極端的嫉妒與猜疑往往是暴力行為的前兆，所以對於有這種人格特質的案主，我總是建議他們暫時和情人或配偶分開一陣子，至少三個月，好好做心理治療，解決潛在的心理問題。

事實上，哈爾對法蘭的愛促使他努力去改變自己。他非常投入地做心理諮商，隨後他的猜忌和其他執迷行為都有所減輕。

## 自殺恐嚇

當所有方法都用盡了，一些執迷者在絕望之下走偏鋒，以自殺相威脅。儘管他們是因為極度的感情傷痛才拿自己的生命作賭注，而且有些人是真的實行了，但自殺威脅仍屬於執迷追求手段。執迷者以自殺相逼，無非是想要最大程度地促發對方的不安和罪惡感，迫使對方回到自己身邊。前來諮商的安妮就把這個手段表現得淋漓盡致。

安妮是三十八歲的美女，一頭漂亮的金色長髮，是一家大型美容沙龍的股東。高中畢業半年後，安妮就和學校裡的戀人結婚了，這段婚姻維持了兩年後，丈夫因為非法持有古柯鹼而被捕。他一直向她隱瞞自己有毒癮。離婚後，她有過幾段短暫戀情，但幾任男友似乎都對她缺乏誠意。她做過幾段心理治療，但仍未理清自己為什麼找不到穩定的感情。眼看生育年齡沒剩幾年了，她特別焦急想要找到一個可靠的男人共浴愛河，建立家庭。

一天晚上，安妮受邀參加一位顧客的四十歲生日派對，壽星是個女演員。讓安妮驚喜的是，派對中最有魅力的那個男人看起來對她很感興趣。派對結束前，他約她週六共進晚餐，她簡直不敢相信自己竟如此幸運。約翰是一名成功的影劇製作人，優雅敏銳，很有修養，也很有趣，而且富有。總的來說，他身上聚集了安妮對於一個優秀男人的所有想像，而且他看起來也喜歡她。兩人開始越來越頻繁地約會，接下來的三個月裡如膠似漆。

**安妮**：這真是一座燈紅酒綠的大都市，他帶我出席各種場合，帶我飛往各地，為我做任何事……我們各有住處，但我們時時刻刻在一起，不是他在我家，就是我在他家，如影隨形。我開始變得非常依賴他，我想嫁給他，想要和他共度餘生，永不分離。

六、七個月之後，他們的關係開始走味，約翰陪安妮的時間越來越少。他說安妮的愛讓他感到有壓力。他知道安妮想要結婚，但對他來說，現在給承諾還太早。約翰越想撤退，安妮越是緊追，最終他說自己感到窒息，想要離開安妮一段時間。

安妮開始盤查過往，反省自己到底是哪裡做錯了，認為約翰決定離開，一定是因為她哪裡做得不好。可能是她不夠聰明，無法讓約翰怦然心動，也可能是她的學識配不上他。她決定把自己變成他的理想情人，到社區大學選修法語課和藝術史課，還上發聲課來改善發音。實際上，她對這些課程興味索然，但為了約翰，她覺得自己的努力是值得的。

**安妮**：那些日子裡，每分每秒，我都心如刀割。每隔一天我都會打電話給他，問他能否出來見面，但他總是不答應。他想要讓我放棄，但越是得不到，我就越瘋狂。我就是不明白他為什麼這樣對我，為什麼不願意跟我在一起。他說過非常愛我，他曾為我做了那麼多，成了我生命的支柱，但一轉眼，他退出了，收回了所有這一切。我崩潰了。我該怎麼收拾這份感情？又該怎樣面對這樣的傷痛？我開始時不時開車到他家門外，做各種事情，想盡辦法引起他的注意，但都沒用。我幾近瘋狂，想到了自殺，如果我死了，他會來到我的墓前，追悔莫及。我的墓碑上刻著一句話：約翰害她死於心碎。

安妮從電話騷擾和守在車上監視，升級到想要自殺，這麼做可能達到兩個目的：結束自己的痛苦，並懲罰約翰——這一切都是因為他。

- **「你要是離開，我就去死！」**

一天晚上，安妮情緒低落，打電話給約翰說想要見他，被約翰拒絕，他們在電話裡吵架了。絕望之下，安妮第一次大聲說出了想要自殺。她威脅約翰，如果不出來，就死給他看。

**安妮**：我自己都不敢相信我居然會說出那些話。那晚我喝了酒，然而酒只讓我更難受。我不管了，我就是要「讓他瞧瞧」。我記得自己好像是大發脾氣，又跺腳，又對著電話大喊大叫。最後他妥協了，「好吧，我去看你，但我不會留宿。」我想：「太好了，只要他肯來，我會留下他的。」

安妮不惜以死相逼，試圖讓約翰對她的生命負責。事實上她告訴約翰，如果他不來，她的死將讓他的良心受到譴責。這是一個頗有策略的最後通牒，而且確實奏效，約翰來了。但是約翰的到來無法滿足她的期望，他只待了幾分鐘勸安妮冷靜下來，然後告訴她，他想要跟她徹底分手，他們的關係到此為止，沒有未來。他表示自己仍然關心安妮，但不愛她了。

**安妮**：他準備離開，我告訴他，只要他走出這扇門，我就自殺。他只是無關痛癢地說：「你看，我真的不希望你做任何傻事。我得走了。」然後他就下樓，朝門口走去。我得做點什麼好讓他知道事情的嚴重性，於是我開始摔東西，找到什麼摔什麼，到處扔，砸壞了所有的燈、所有的盤子，砸了所有能砸的東西……我聽到鄰居喊：「快報警，有搶劫！」但我管不了那麼多，只顧著摔東西。過了一會兒，約翰回來了，那時我已經打碎了公寓裡所有的燈，屋裡黑漆漆的，他點上一支蠟燭，我們坐在黑暗中。地毯上的碎片有一英寸厚，我們就這樣一直坐到警察來，已經是凌晨三、四點了。約翰向警察保證這裡沒事，他們才離開，然後他也回去了，留我一個人坐在廢墟裡，恨自己怎麼這麼愚蠢。

對安妮來說，把約翰叫過來完全是一場悲哀的勝利。安妮知道，是她執迷的愛讓約翰想要退出，而她現在用自殺威脅約翰，只是讓情況變得更糟。約翰感覺更加壓抑，安妮歇斯底里的失控行為把約翰推得更遠，更加堅定了他要離開的決心。獨自坐在滿地碎玻璃的黑漆漆公寓裡，安妮被懊悔和自責吞沒，恨自己居然這麼傻。

儘管這樣的行為一再反覆，除了讓自己感到難堪，一點好處都沒有，執迷者仍然覺得他們應該能夠控制自己。他們怨恨情人讓自己備受煎熬，同時又自責不已，幾乎任何執迷行為都伴隨著痛苦的自怨自艾。對於少數執迷者而言，極度的自責甚至將他們逼上絕路，選擇自殺。

就在安妮揚言要自殺，並且亂砸公寓的兩週後，她真的試圖自殺了（我們將在第十章〈擺脫執迷愛戀〉闡述），正是因為這一次與死神擦肩而過，促使她來到我這裡尋求幫助。

以死相逼不可能喚回失去的戀人。即使對方暫時回來，那也不過是因為害怕或憐憫，而害怕和憐憫很難成為真愛的基礎。

**＊注意：如果你考慮過自殺、反覆幻想過自殺，或是以自殺威脅離開的戀人，那麼你必須尋求專業的心理協助。要知道，這種死法可一點都不浪漫。**

## 徒勞的執迷追求

儘管手段用盡：電話打爆、守在車上監視、不請自來、跟蹤，甚至鬧著要自殺，執迷的戀人們依然堅信，他們所有的荒唐行為都是因為強烈、聖潔與詩性的愛情。沾上了所謂愛的光輝，咄咄逼人、侵犯隱私和騷擾都顯得如此堂而皇之。

就如安妮所言——

**安妮**：想到那晚把家裡砸得一團糟，我覺得很可笑，從某些方面來說，我也確實感到羞愧。但換個角度看，我覺得自己做的還不夠。你得理解，當你想念一個人到了極致，沒有什麼是過分的，不管有多瘋狂，都是因為想讓他回來，是因為愛。

安妮在不知不覺中犯了一個**執迷追求的大錯：為達目的，不擇手段**。

結局幾乎總是殘酷，愛是強求不來的。

執迷者的各種追求手段，創造了一種越演越烈的懲罰性輪迴，而深陷其中的他們感到越來越絕望、越來越自卑。他們越是「爭取」，反而把對方推得越遠，讓他們更痛苦，於是更加奮起直追，希望減輕一點痛楚，越演越烈。這就是執迷追求的存在方式。

執迷情感如洪水猛獸，一旦遭到拒絕而開啟閘門，荒唐的行為在所難免。但無論是表現為對內的自我懲罰，或是表現出對外的窮追不捨，執迷的行為最終都是弄巧成拙。早晚有一天，所有的執迷者都將嘗到自作自受的苦頭，到那個時候，求而不得的挫敗感與羞辱感常常轉化成滿腔憤怒。

對於大多數執迷的戀人而言，一腔怒火終會化為復仇的火焰，撲向對方。

## 第三章

# 從執迷追求到復仇

我開始想著讓他也吃點苦頭，就像他折磨我一樣。我開始變得瘋狂，想要去劃他的輪胎，還想去砸他家的玻璃窗，後來有時候……我甚至幻想去燒他的房子。——安妮

大多數執迷的戀人最後都會達到一個引爆點：執迷追求挫敗到無法再繼續，否認現實也於事無補，空洞的樂觀被摔成一地碎片，深愛的人真的要退出他們的人生了——他們開始心生憎恨，曾經的「唯一的完美情人」居然背叛自己，狠心地剝奪了屬於他們的愛，曾經那麼刻骨銘心的愛啊！憤怒之後，這份執迷看起來應該到此為止了，但執迷者不會按牌理出牌，相反地，熊熊怒火將執迷之情燒得更熱，讓他們更加瘋狂。

## 愛恨交織

愛與恨，看似處於情感天平的兩端，但遇上執迷愛戀，兩者就不可能涇渭分明。恨意從來不可能完全消磨執迷的愛，相反地，愛與恨在執迷者心中進行著一場艱苦卓絕的戰爭。瑪格麗特就是這樣，不斷彈跳在愛恨之間，像一顆無辜的乒乓球。

瑪格麗特發現菲爾有別的女人之後，依然去菲爾家門口守著，持續了半年之久。然後，她知道菲爾和那個女人同居了。

**瑪格麗特**：我從來沒有那麼痛苦過，實在難以形容。他一定知道他都對我做了什麼，他一定知道他幾乎是殺了我，但他還是那樣做了。我不明白他怎麼能這樣對我，我太生氣了，真想打爛他那張賤臉！那些日子裡，除了氣憤，我幾乎無法思考，但過了一陣子，又開始回想我們曾經的美好。他給過我很多美好的感受，他那菲爾式的誘惑，非常性感……我說的你能明白嗎？但有時我真的恨他，我想讓他倒楣，希望他從此不舉。我不相信他從來沒想過我承受了多少痛苦，真希望永遠不要看見他，因為如果再見……恐怕我還會回到他身邊。

我無從知道菲爾為什麼選擇離開瑪格麗特。也許他是個好男人，只是那時還不想發展一段正式的戀情；也許他就是一個浪子、花花公子；也許他厭倦了瑪格麗特太黏人，需求太多；也許，他移情別戀；還有可能，他只不過是對瑪格麗特沒興趣了。但不管原因是什麼，瑪格麗特一口咬定菲爾是故意傷害她，把她推進痛苦的深淵。她痛恨這種被拋棄、被背叛、被傷害的感覺，然而即便如此，也沒能熄滅她對菲爾的思念。

瑪格麗特做不到一刀兩斷，內心的憤恨使得她對菲爾的思念和愛意還在沸騰，儘管菲爾早已冷冰冰。與執迷的痛苦類似，執迷的憤怒也是一場騙局。憤怒讓執迷者以為自己還沒有退出對方的生命，與過去的戀人仍然有強烈的情感連結，雖然除此之外，他們已成陌路。

## 復仇幻想

當憤怒越演越烈，到了難以抑制時，大多數執迷者至少會**幻想著**伺機復仇。這原也無可厚非，我們每一個人都會時不時冒出一點邪惡的小幻想。但是，執迷者會沉迷於復仇的幻想，沒了節制，甚至危害自己的心理健康。

約翰提出分手後，安妮開始執迷於復仇幻想，就像當初她沉迷於愛情幻想一樣。那晚，約翰留她一個人坐在廢墟般的漆黑公寓裡哭泣，幾天後，她開始想像把自己承受的痛苦原封不動地奉還。她幻想著一把火燒了他心愛的海濱別墅——他倆曾在那裡共度良宵。

**安妮**：我曾經一邊替客戶梳頭髮，一邊想著去哪裡弄到汽油，怎麼樣潑到他家四周，如何點火。一開始我想把他和他的房子一起燒掉，後來考慮一下，還是留他個活口，讓他親眼看著房子被燒，那才痛快。我常常一想好幾個小時，明知這樣很遜，但這是我唯一能排解痛苦的方法。

當安妮說復仇幻想可以幫助她排解痛苦時，並未意識到這是一種對抗沮喪的常見反應。復仇幻想背後的憤怒，能讓人感覺自己很強大，充滿力量。沮喪則正好相反，沮喪讓人感覺無力、壓抑、絕望。所以人們幾乎**不可能同時感到**既憤怒又沮喪，雖然一個人**可以擁有**這兩種情緒。

憤怒和沮喪都源自於同一種力量：生氣。憤怒和沮喪是生氣的兩種截然相反的表達方式。憤怒是對外的宣洩，針對別人；沮喪是內火攻心，針對自己。

透過將氣憤的情緒轉化為針對約翰的復仇想像，安妮可以稍稍緩解自己的無力感，但是這種緩解效果實在很有限。

**安妮**：這聽起來簡直是在講故事，就像是B級片裡的俗爛劇情。我知道自己不可能真跑去燒他的房子，但我忍不住去想。我反覆用意念燒他的房子，好像自己才是局面的掌控者，我要給他吃點苦頭，讓他知道傷害我是要付出代價的。有幾天我感覺好了一點，但我越是幻想，越覺得自己蠢。

復仇戲碼在安妮的腦海中不斷上演，她覺得自己能掌握點什麼了，不再是一個毫無招架之力的受害者，眼睜睜地被約翰拋棄。在她的幻想裡，她正在一步步行動，至少在那一瞬間，她是自己生活的主導。

## 殘暴的復仇幻想

安妮的復仇幻想還只是想要破壞約翰的某些重要物品，羅伯特就嚴重得多，他的幻想比較殘暴。

羅伯特是音響銷售員，他前來諮商的原因是戀人莎拉棄他而去。當莎拉與別的男人同居後，羅伯特怒不可遏，開始了危險的復仇幻想。

**羅伯特**：如果我得不到她，那他也別想！這個混蛋就是想來攪亂我的生活，我可不能讓他稱心如意。我都打算好了，我要去酒吧找幾個小混混，叫他們打斷那個傢伙的腿，算起來這大概得花一萬美元，我才不在乎呢！我就是要他好看。我已經好多次認真考慮這件事了。

羅伯特的復仇幻想直指莎拉的新男友，他認為是這個男人從自己身邊偷走了莎拉。但是隨著一再被莎拉拒絕，他復仇幻想的對象開始把莎拉也囊括進去。

**羅伯特**：他沒有錢、沒品味，還是個禿頭……「她怎麼能讓這種人來取代我?!」我無時無刻不在問自己，百思不得其解。我真想殺了他們倆，就像「如果我不能擁有她，那就讓她消失吧」！我想讓那兩個薄情寡義的人從這個世界消失。我反覆想起德州連環殺人案的那個殺人狂，還想到那個藏身麥當勞的殺人犯。你不把一個人逼到絕路，就不知道他能做出什麼事來。我都是被他們逼的。

羅伯特的憤怒是如此強烈，以至於他的復仇幻想很殘忍。他以為從肉體上消滅莎拉和她的情人，就能從心理上消滅與日俱增的痛苦。而且越是沉迷於這種殘忍的幻想，他就越靠近危險的臨界點，也許一點點刺激就能讓他付諸行動。

## 復仇行動

復仇是執迷者的末路。復仇，說明執迷者最終放棄了喚回舊愛的艱難征途，開始投身於新目的：懲罰那個讓自己如此痛苦的人。當執迷者開始報復行為，愛與怒的心理陣地爭奪戰宣告結束——憤怒大獲全勝。

### ‧「你老婆和我有外遇。」

經過五年分分合合，唐的情人辛西婭最後選擇離開他。很快地，唐的萬縷深情被熊熊怒火焚燒殆盡。

**唐**：我永遠忘不了我們是怎麼結束的。她打電話跟我說：「我實在承受不了這種壓力了，我想要維持我的婚姻，需要平靜的生活。我愛你，但這沒有意義，我們不是同路人。」真不敢相信，我說：「為什麼你總是想要離開我，而不是他？為什麼你這麼輕易就結束我們的感情，而遲遲不願跟他一刀兩斷？我比他好，我能給你更多，和我在一起，你會更幸福。在我看來，你選擇他是一點意義都沒有。」但是她只說些諸如「我們之間已經沒什麼好商量的了」之類的話來打發我。那個賤人怎麼能夠一通破電話就了結五年的感情！開什麼玩笑！拿我當什麼？我是小丑嗎？我要讓她後悔！

唐被澈底擊垮了。他白天勉強去上班，晚上回到家裡就鬱鬱寡歡地躺在床上喝酒。

**唐**：大約一週後的某天，我喝了半瓶酒，忽然決定做點什麼。她不是想維護她的婚姻嗎？我偏不要成全她。我撥通了她丈夫的電話，說：「嗨，你不知道我是誰，但這不重要，我跟你的妻子有一腿，我們要好了五年。她說她愛我，她還說跟你在一起很煎熬，只是不知道怎麼樣才能離開。」我說了這麼多，他一句話都沒有回應，在電話那頭一直沉默著。我有點希望他氣得掛了電話，但他只是不開口，所以我接著說：「她告訴我，她之前還有過好幾段。我不知道我這麼做好不好，但你有必要知道自己娶了什麼樣的女人。」

接下來在電話那頭是很長時間的沉默，然後他掛了電話。頭一次，我開始覺得同情他，而且我覺得自己滿噁心的。從某種角度來看，我和他同病相憐。她同時欺騙和背叛了我們兩個男人，我們都是可憐人。

儘管辛西婭斬斷了她和唐的情絲，想要全力挽救婚姻，但是唐的一通電話澈底毀了這一切，很快地，丈夫就跟她離婚了。不可思議的是，這讓唐又燃起希望的小火苗，在他那通衝動的電話無情地摧毀了辛西婭的生活之後，他居然還想跟辛西婭重修舊好。果然，辛西婭對他的電話痛恨至極，再也不理他。

在執迷的戀情裡，向對方的配偶或自己的情敵抖出私情是常見的報復手段。透過公布私情，執迷者一石二鳥，不僅打擊了狠心拒絕自己的情人，也重創了情敵。而且就像唐那樣，當執迷者澈底摧毀了競爭對手，隱藏在憤怒之下的愛意又會重新燃起希望的小火苗，他們又開始奢望和解。

## 情緒暴力

儘管唐沒有攻擊任何人，也沒毀壞任何東西，他的所作所為仍然是一種暴力行為——**情緒的暴力**。情緒暴力的惡劣程度堪比身體暴力，會嚴重傷害一個人的心理健康，因為它會帶來羞辱、恐懼、無助、挫敗，甚至憤怒等感受。

許多情緒暴力的受害者備感灰心，因為情緒暴力沒有法律可約束。遇到身體暴力，我們可以報警，然而遭受情緒暴力時，我們難以尋求保護。唐蓄意破壞了辛西婭的婚姻，但他不算犯法。

揭露地下戀情是最常見的報復行為，除此之外，還有很多五花八門的情緒暴力。我知道有些執迷的戀人在盛怒之下，跑到重要的公眾場合或者前任的辦公室大鬧一番，重創對方的前程。有的執迷戀人為了破壞前任的公眾形象，向共同的朋友或熟人搬弄是非，詆毀對方。還有一些執迷者把氣出在對方的錢財上，透支曾經共用的信用卡。我輔導過一名執迷者，她趁著前任攜妻子出門旅遊時，冒充對方的太太，替他的房子換了屋頂，儘管他的屋頂本來就沒有問題，比起報復，這聽起來更像是喜劇。她可憐的前任旅遊回來，面對七千美元的屋頂翻修費傻了眼，整整一年時間都纏身於法律和財務糾紛中。

情緒暴力已經嚴重擾亂了對方的生活，然而對於某些執迷者來說，這樣還不夠，他們得找尋更有破壞力的事出氣。

## 破壞財物

在執迷者眼中，對方的財物往往可以代表其主人。暴怒之後，發現自己竟然毀壞了對方的財物，執迷者往往會感到不可思議，他們原以為自己從來不會對他人造成威脅。

當執迷者將發洩的眼光鎖定對方的某件物品，這件東西通常會是對方日常生活的一部分，對方特別在乎，或者這件事物與他們之前的戀情相關。房子、車子、衣服、家具、電器、陶器、玻璃製品、珠寶、藝術品、花園——任何東西都有可能充當代罪羔羊。

### ・「我可能是瘋了。」

當幻想也平息不了內心的憤怒時，羅伯特就拿有特殊意義的東西發火。

**羅伯特**：這段時間裡，她還時不時跟我聯繫，給我點小甜頭。我認識了其他女孩，出去約會，但莎拉打電話給我，說她想離開丹尼，我覺得自己又有機會了。確實，她給了我機會，只不過是一次午餐的機會，吃完飯，她又回到丹尼的身邊。她就這樣來來回回地哄我上鉤，又毫不留情地離我而去。有一回她都跟我上床了，然後又離開。我簡直瘋了，駕車直奔那個男人的住處，真想殺人……到了那裡，我看到她的車。天哪！那是我幫她選的車，我幫她還車貸，她怎麼能把車停在他家門口？這差不多算是我們兩人共同的車啊！我氣得發瘋，再也沒有什麼能阻擋我。我找來一把大鐵錘，一陣亂砸，擋風玻璃、車燈、擋泥板、保險桿，全都砸爛了。不敢想，如果我沒有砸那輛車，不知道會做出什麼事……

對羅伯特來說，莎拉的車不僅是一個方便的發洩出口，還是他和莎拉的情感連結，也是他挽回感情的希望。他當然知道這輛車對莎拉意味著什麼，這是她唯一值錢的東西，為了這輛車，她省吃儉用了兩年。羅伯特砸碎了那輛車，也砸碎了他和莎拉僅存的一絲感情，讓他從莎拉的人生中澈底出局。

莎拉一再地引誘羅伯特，暗示自己要和現任分手，她曖昧的姿態把羅伯特捆綁在緊張和焦慮中。她跟羅伯特上床，讓羅伯特以為她已經下定決心離開丹尼，誰知她忽然又回到丹尼身邊，再次碾碎了羅伯特的期待。當然，我並不認為莎拉這樣刺激羅伯特，羅伯特就是無辜的，但是對於執迷的戀人，藕斷絲連確實很容易促發他們的暴力行為。

### ・「為什麼受傷的總是我？」

報復行為僅僅表達了矛盾的內心，但從不能解決問題，凱伊吃盡了苦頭才明白這一點。凱伊找到我尋求幫助，她無法緩解內心的痛苦，而且對自己的報復行為感到非常內疚。

凱伊是一名五十二歲的離婚主婦，三個兒子皆已成年。她的黑髮摻白絲，保養得還不錯的臉龐帶著淡淡的笑紋。見到她時，她的眼睛又紅又腫，一路上肯定在哭。

凱伊告訴我，她結婚二十六年了，丈夫路易斯是成功的建築承包商。到了婚姻的最後階段，路易斯開始越來越疏遠凱伊，但她以為不過是兩人年紀越來越大的緣故。後來最小的兒子也在結婚後搬出去住了，路易斯告訴凱伊，自己已經有很長時間都感覺不到幸福，忍受了好多年，現在他想要離婚。凱伊覺得遭到丈夫背叛、拋棄，她很恐慌。

**凱伊**：我的心就像是被一輛坦克輾過，支離破碎。我把整個人生都奉獻給家庭，孩子們一個個離開了我，現在他也要丟下我，連個好理由都沒有。這就是我為他付出半輩子後得到的？他到底期望我怎麼做？我太傷心了。

路易斯在離婚這件事上還算厚道，他知道凱伊不會賺錢，就留了足夠的錢給她，保證她衣食無憂。雖然分開了，他還是常常幫助凱伊，就像一位老朋友，盡量減少對她的傷害，每個月都陪凱伊吃兩、三次飯，還會在母親節送她花，在她生日時送禮物。

不幸的是，凱伊把路易斯的幫助當成愛情，以為路易斯還愛著她。三年來，她一直在等，等路易斯發現自己犯了錯，回到她身邊。每當朋友向凱伊介紹其他男性，她都拒絕見面，還跟朋友們說總有一天路易斯會回到她身邊。儘管她知道路易斯在和其他女性約會，她仍然相信那不過是為了緩解中年危機。

凱伊開始試著當志工、練習打網球，但只是為了打發時間，等著路易斯「回心轉意」。

在這段日子裡，她請路易斯的姊姊和母親去勸和，希望他再給自己一次機會。她總是叫孩子們去勸父親不要拆散家庭，甚至還打電話給路易斯的生意夥伴，在電話裡哭哭啼啼，求他們幫忙傳話。她仍然時不時送一些情意綿綿的禮物和卡片給路易斯，儘管他不只一次地表示這讓他很尷尬。凱伊還堅持每天都打電話給路易斯「隨便聊聊」，然而聊來聊去只是在訴苦，說自從他離開，自己有多淒慘。

然而，讓凱伊意想不到的事情發生了：有一天，路易斯打電話來，說自己準備再婚。

**凱伊**：那一刻我好像忽然心跳停止，時間靜止了。我不敢相信。這段時間我一直堅信他會回來，很有把握地認為他還愛著我。我整個人都呆住了。我不敢面對朋友們，感覺自己特別慘，朋友們看起來都覺得很尷尬，似乎不知道該說什麼，生怕觸碰到我敏感的神經。後來，「大喜之日」終於到了，他們出去度蜜月。那兩個人在熱帶天堂如何的銷魂——這個念頭猶如噩夢糾纏著我，揮之不去。為什麼受傷的總是我？是他害我淪落到這個地步，我要瘋了！

真的無法再自欺欺人了，現實擺在眼前。凱伊無法不去想像路易斯和他的新歡。他們出雙入對，自己形單影隻。他們的幸福就是抽在她臉上的響亮耳光。

### ・「我居然也會施暴?!」

凱伊澈底崩潰了。只不過，她不是在哀悼失去後展開新生活，而是越來越氣憤，開始轉向復仇。

**凱伊**：我控制不住自己，反覆想像著他們度蜜月回來，如膠似漆。他抱著她進門，然後把她扔在床上，就像當年我們新婚時對我那樣，這要我怎麼忍？我一直想著怎樣破壞這個時刻，他們的歡樂就像插在我心中的刺。我記不起來是怎麼開車到他們家的，一路上腦子一片空白，就像一個機器人，但我清楚地記得自己做了些什麼，我都盤算了一個星期。我繞到他們家後面，打碎一扇窗，翻進他們家，進去後，開始剪東西。他的西裝、襯衫、她的裙子、床單——很大的床單——沙發罩、窗簾，我把能剪的東西全都剪得稀巴爛。我就是想讓他們不得安寧，就是要他們進門時開心不起來，我就想讓他們生氣，這樣他們才知道他們是怎麼傷害我的。

凱伊回到家後，開始害怕。她從來沒有使用過暴力，不敢相信自己做了這麼過分的事，羞愧到極點。幾天後，路易斯度蜜月回來，愧疚之下，凱伊打電話道歉。路易斯告訴她，如果她肯接受心理諮商，自己可以不提告。

**凱伊**：我的第一個反應是指責他太傲慢，背叛我、傷害我之後還說我有病，要我做心理治療。但是接下來我愣住了，因為路易斯在電話那頭崩潰了。他哭了，開始跟我細數這三年來，我是怎麼樣一點點把他逼瘋的。我也哭了，他描述的好像是另外一個人似的，但那確實是我。我回想自己養大了三個優秀的兒子，打理一棟大房子，活躍在各個慈善組織……但是，我居然潛入他們的臥室，拿著一把剪刀去剪碎他們的床單，而且我……我知道他說得對，我需要心理治療。

路易斯歷數凱伊的各種執迷行為，讓她被震撼了，萬萬想不到自己竟然如此荒唐。以自欺構築的防衛體系澈底坍塌，她開始變得清醒，頭一回，意識到受折磨的不只有自己一個人。清醒地認清現實，是她擺脫離婚陰霾的第一步。

### ・「我不知道自己還要錯到什麼地步。」

許多執迷的戀人以為對著物品出氣總比直接對人發火好，砸了對方的東西就算消氣，免得犯下更嚴重的錯。但是，拿物品出氣或許能暫時緩解憤怒的心緒，卻**無法澈底解開心結**，怒火還是會再次從心底升起。總之，砸東西不算完結，對著物品施暴並不能降低對人施暴的可能性。

**羅伯特**：如果我砸車時，莎拉從屋子裡出來，真不知道……我是說，我從來沒有打過女人，但是那一刻，我已經不是我自己了，那是個揮著大錘子的瘋子，我控制不住他。一想到可能會發生什麼事，我就害怕。

羅伯特的害怕不無道理，當執迷的戀人打開憤怒之閘，誰都不知道憤怒的洪流會奔往何方。就算執迷者沒有暴力前科，也不能保證以後沒有，此一時彼一時，對物品出氣也可能升級到對人施暴。

## 身體暴力

執迷之情升溫到一定的程度時，人們很容易迷失自我、行為失控，做一些連自己都不敢相信的事情。針對他人的身體暴力就是其中一種極端的方式。

訴諸於身體暴力的執迷者被憤怒沖昏頭，偏離了正常的生活軌道。對於這些執迷者來說，報復行為是他們試圖從怒火中掙脫，重新控制自己的嘗試。但是，身體暴力註定是得不償失的。執迷者施暴時，表面上看來是要傷害別人，其實潛意識裡真正的目的是驅除自己的痛苦，但這種轉嫁痛苦的方式不可避免地將以失敗告終，因為最初被拋棄、被拒絕帶來的痛苦並未因而消散，反而更加嚴重。

有些執迷者僅僅一次失控，襲擊了對方；還有些執迷者有嚴重的人格缺陷，有潛在的暴力傾向。可悲的是，在現實中，哪怕只是一次失控的爆發，就可能結束一條鮮活的生命（我們將在第七章〈當執迷演變成暴力〉，深入探討執迷者的暴力攻擊問題）。

## 復仇路上，永無贏家

如果你發現自己沉迷於復仇幻想，強烈建議你尋求專業心理輔導，以免你的復仇幻想變成實際行動。若你已經越過紅線，有過某些形式的「宣洩」，比如破壞對方的財物，那麼你必須接受專業的心理協助，以免暴力升級，傷人害己。

如果你曾對人施暴，哪怕只有一次，也必須立刻接受心理治療。衝動是魔鬼，讓你失去理智，若你試圖自己找回失控的自我，那你就太天真了。到了這個階段，心理治療對你來說必不可少，不容置疑，這是性命攸關的大事。

復仇，不管什麼形式的復仇，都是傷人又傷己的雙刃劍。復仇讓痛苦無限蔓延，將猶疑的戀人推得更遠。除了逞一時之快，復仇路上，永無贏家。

# 第四章 救世主情結

每個人都有自己的難處，但是他看起來太慘了，教人不忍心，我得幫幫他。我知道只要拉他一把，幫他過了這一關，事情就會好起來。我就是個傻瓜。——娜塔莉

有的執迷者容易被「問題人物」吸引，放不下那種在生活上有很大狀況的人：找不到工作或是不願工作的人、夜夜宿醉的酒鬼、戒毒所的常客、騙子。還有的執迷者戀慕有慢性或嚴重的性功能障礙者，更有甚者，他們的伴侶根本就是虐待狂，或是慣性罪犯。

但是，不管情況多麼糟糕，這些執迷的戀人還是無法放手，他們相信自己能撫平創傷。他們相信只要自己有足夠的愛，付出更多，做得更好，再關心、體貼一些，就一定能拯救情人於水火之中，開始全新而夢寐以求的美麗人生。我把這種強烈的信念稱作「救世主情

結」，這些執迷者像救世主一樣的活著。

「救世主」這個詞，對很多人來說包含著宗教情懷，對另外一些人來說，讓他們聯想到騎士屠龍、十字軍東征，或者超級英雄拯救世界等等。「救世主」一詞意味著力量、崇高、美德、慈悲。世界上的人形形色色，「救世主」這種角色最唯美而浪漫。

## 另一種「執迷追求」

就我們目前觀察到的，在所有執迷關係中，「被拒絕」是一個重要因素，可能是對方逐漸疏遠、提出分手，抑或是移情別戀。而到了有救世主情結的執迷者身上，情況有所不同，因為他們往往已經與對方建立了很穩固的關係。許多「救世主」與對方同住，或是結婚，這種既成事實的親密關係似乎可以讓他們免於執迷追求之苦。然而，「救世主」把自己繞進一種循環式追求，跟其他執迷者一樣苦不堪言。

比起其他執迷者的各種追求手段，「救世主情結」執迷者的日常生活，就是處理對方製造的各種問題。這些悲天憫人的執迷者相信，一旦解決了這些問題，兩人之間就再無障礙，從此就能過著夢寐以求的美好生活。對方會對他們滿心感激，「問題人物」華麗轉身，變成他們的「唯一的完美情人」。

## 為「被需要」而活

「救世主」的角色具有強烈的普世情懷，他們熱衷於付出，滿足於被需要的感覺，希望自己看起來很好、很善良。女性尤其如此，無論是天性還是社會屬性，都使得女性更願意成為守護者。幫助同伴是人類的天性，當幫助別人解決難題時，我們每個人多少都能獲得滿足感和存在感，不過對於有「救世主情結」的執迷者來說，拯救問題情人是他們的信念、他們個人價值的支柱，拯救是他們生存的理由。「救世主情結」執迷者是為了「被需要」而活。

這種強烈的需要以各種特殊形式存在著。當這些閃耀著聖母光輝的執迷者毅然肩負起情人的各種難題時，感覺自己非常崇高。如果他們能夠替對方解決一些問題，會覺得自己是被需要的。假如替對方解決各種問題已經成為習慣，對方開始依賴他們，「救世主」則感到自己是不可取代的。當有一天，他們相信對方離開自己就不能活，這些執迷的「救世主」方能稍稍喘口氣，放鬆一點。其實他們心裡是恐懼的——所有執迷者共同的恐懼：害怕被拋棄。也難怪有這麼多的執迷戀人甘願戴上沉重的救世主光環。

蓋世英雄在磨難面前永遠不改初心，他們除惡懲奸，扶弱濟貧，視死如歸。那些具有「俠者風範」的執迷者，當然也不會向困難低頭，他們以被需要為信念。但是，這個信念在現實問題面前顯得蒼白無力，他們面對的是痼疾。不同於真正的俠義之士，執迷的戀人永遠等不來成功。

## 你有「救世主情結」嗎？

為了幫助讀者確定自己是不是有「救世主情結」，我設計了以下的小測試。在你考慮以下問題的回答時，請記住：偶爾幫助伴侶並不是錯，你我都有需要援手的時候；但是，如果對方的各種問題已經成為你生活的主題，或者只有你在為這些問題努力，又或者你的伴侶絲毫沒有擔當，對自己的問題推三阻四，那麼你真的就是一個濫好人。

請抽出一點時間，看看下列描述是否與你的情況相符。

· **你覺得自己可以改造情人，即使：**

1. 你發現自己總是以撒謊或掩蓋事實的方法在保護情人，替對方的行為開脫。
2. 你反覆幫忙情人解決財務危機。
3. 情人多次向你借錢，只借不還。
4. 情人在家庭背景、工作經歷和婚姻狀況等方面，對你有所欺瞞。
5. 你的情人多次欺騙你。
6. 你的情人酗酒或吸毒。

7. 你的情人沉迷賭博。
8. 情人對你施以言語、情感或是身體虐待。
9. 你的情人常有法律糾紛。

**・你經常……**

1. 試圖勸情人做心理諮商或參加「十二步驟計畫」（Twelve-step programs）戒癮。
2. 嘗試讓情人戒酒、戒毒或戒賭。
3. 試圖讓情人去找一份工作。
4. 幫助情人克服性障礙。
5. 因為沒能幫情人做更多，而覺得愧疚。
6. 試圖讓你的情人看到，如果他或她能夠改掉那些壞習慣，生活會有多麼美好。

以上描述的狀態，就算只有一條與你相符，那麼你也很有可能是有「救世主情結」的戀人。毫無疑問，你發現自己變成了對方的保護傘，替對方收拾各種爛攤子：錢的問題、生理問題、情緒問題或者各種不良癖好，儘管這些問題不是你能解決的。你將大量時間和精力投入這個無底洞，換來的只有心力交瘁和一敗塗地，就像娜塔莉。我們就用她的故事開啟這個章節吧。

## 愛上問題情人

娜塔莉四十三歲，是個棕髮、棕色眼睛的歷史老師，在洛杉磯的一所公立中學教書。在感情裡疲憊不堪的她，無論是物質還是感情，都付出太多。她參加了我帶的團體治療，在第一天，她以平靜、溫和的傾訴掩飾著內心的焦慮。

**娜塔莉**：我希望他趕緊離開。這段感情有毒，太糟糕了，簡直瘋狂。那些錢我也不打算要了，我知道只要他離開，我就會好起來。但我不能拋下他不管，我們早已連為一體，難分彼此了。

兩年半前，娜塔莉發現了丈夫和祕書之間的私情，於是離了婚。之後她和一名已婚同事斷斷續續維持了兩年地下情，因為被對方的妻子撞破而尷尬收場。大約一個月之後，她遇到里克，那天下午她排隊等著看電影，里克排在她後面，正好他們都是獨自一人，便開始聊天，然後坐在一起。電影散場後，兩人一起出去喝咖啡，就此展開一段新戀情。

**娜塔莉**：那差不多是我人生中最潦倒、最灰暗、最絕望、最孤獨的一段時期，我真的想要有人陪著，那個時候他出現了——漂亮的金髮、湛藍眼睛，三十五歲的雙魚男，就這麼忽然闖入我的生活。我是覺得我大他八歲，他都不在意，這讓我感覺很好。在我瞭解他之前，所想到的只有這些。那時，我想時時刻刻都跟他在一起。

里克曾經斷斷續續做過二手車銷售工作。娜塔莉認識他時，他因為沒有足夠的錢付公寓租金，和一個朋友住在一起。他告訴娜塔莉，他在一家租車公司工作，公司倒閉了，沒有付給他最後一個月的工資，導致他口袋空空。他正在爭取一份比佛利山的賓士經銷店的工作。三個星期後，娜塔莉讓里克搬進她家，住在另外一間臥室，想著暫時幫他度過難關，等他周轉過來就好。不幸的是，她很快就發現里克的狀況太多了，經濟問題只是冰山一角。

## 問題的無底洞

里克和娜塔莉的關係看起來進展得很快，但是里克對她從來沒有衝動，讓娜塔莉很疑惑。

**娜塔莉**：第一次約會時，我以為他是因為害羞。他從來、從來不親近我，有時候會輕描淡寫地一吻，但也僅止於此，這讓我很抓狂。他搬來跟我一起住以後，我告訴他想要更親密一些，但他卻更矜持……這讓我對他的欲望更強烈了。

儘管熱辣的性愛是大部分執迷戀情的核心，但里克無動於衷。這讓娜塔莉煩惱，也讓她心癢難耐。她一天到晚都在思考里克清心寡欲的問題，決心要找出問題出在哪兒，想要改變他。

**娜塔莉**：這有點不可思議，他不願說，我也不想追問，但是我心裡越來越失望。有一天晚上，我們租了電影《體熱》（*Body Heat*）躺在床上看，漸漸地，我開始激動，就動手解開他襯衫的鈕釦，他似乎很不情願。我終於爆發了，問他到底是為什麼。他說他非常抱歉，現在經濟壓力太大，他焦頭爛額，沒有心情。他在外地買了一間公寓作投資，現在卻沒錢付貸款，因為父親留給他的錢太少了，這件事讓他很煩惱。他把公寓租出去，房客卻是個混蛋，已經半年沒付租金，但是他沒辦法去趕走這個白住房子不給錢的傢伙，因為他的車壞了，離合器出問題，修車要八百美元，他支付不起……我聽了很心疼，不忍心看他落魄至此。我得幫幫他。

里克越是對娜塔莉訴說經濟困境，娜塔莉就越可憐他。在同情心的驅使下，娜塔莉不假思索地借錢給他修車，根本沒考慮他有沒有能力還錢。在她看來，里克不過是個倒楣的可憐蟲，他運氣太差了。

娜塔莉寧願相信里克是不走運，這就意味著他需要一個人來幫他轉運。幾乎所有的「救世主情結」執迷者都這樣，娜塔莉受對方的無助所吸引。被需要的感覺很美妙，這個最開始在外型上吸引她的男人，現在更令她難以抗拒。娜塔莉認為總有一天，里克會變成她「唯一的完美情人」，只要幫他解決了財務危機，到時候他的性冷感也就不治而癒了。

## 性的拯救者

娜塔莉相信了里克的故事，認為他的性冷感是經濟壓力所導致。借錢給他之後，她以為兩人之間可以升溫些，但是依然什麼事都沒發生，她決定主動出擊。

**娜塔莉**：後來我試著勾引他，太失望了，他只是癱在那兒，毫無反應。我想：「好吧，他還沒真正擁有過一個女人，一個像我這樣有經驗……這樣主動、這樣好的女人。既然他還青澀，那就由我來教他吧，我會讓他看到性是多麼美妙的事，到那個時候，展現在我們面前的將是多麼幸福、甜蜜的新生活。」我做了各種嘗試，我是說，能想到的方法全用上了，但還是挑不起他的「性」趣。我又開始感到愧疚，怕他會因此沒自信，那就太糟糕了。但是我不會放棄的，相信下一次我會做得更好。

娜塔莉將里克的性功能障礙歸咎於他的經濟壓力。里克到底有多少問題、問題的嚴重性如何，娜塔莉顯然還不甚瞭解，但她毅然承擔起幫里克解決困難的任務。她視幫里克解決財務困難、喚醒他的「性致」為一項個人挑戰，這也是她耐著性子忍受這段無性戀情的動力所在。

**娜塔莉**：他從來沒有主動過。我們常常做愛，但我得費好大的勁去刺激他，你知道的，讓他興奮起來，用嘴巴。當我們實際上……是當我讓他進來的時候，他才會碰碰我。而且為了勃起，他得捏著我的乳頭又掐又擰，我不確定，或許他以為這樣能讓我興奮，但是隨後他就一聲不吭地結束了。我不停地勸自己：「我得順著他，因為這是他唯一想做的，總得有個開始，他感覺怎樣好就怎麼做吧。」有時候我真的很痛，但只要他喜歡，怎樣都行。愛要不計代價。

娜塔莉像一名殉道者，獻上自己的幸福，希望能解決里克的性障礙。對於性的拯救者來說，無法獲得滿足、羞辱感，甚至忍受疼痛都微不足道，只要能換回一個性功能正常的情人，怎樣都是值得的。

娜塔莉當初決定幫助里克解決性方面的狀況時，他的問題看起來並不是十分嚴重，很多男性也都有過因壓力和心情導致暫時缺少欲望的情況。但是經過多次嘗試之後，里克身上問題的嚴重性開始顯現。娜塔莉完全可以告訴里克，自己不喜歡他那樣做，但她害怕讓里克洩氣。在拯救里克的迢迢之路上，她不敢有任何一點疏忽。

我問娜塔莉，為什麼不勸里克去接受治療，她回答說她擔心會惹惱里克——勸他治療，言外之意就是說他有病。再說，既然娜塔莉堅信自己能夠拯救里克，他又何苦去求助於醫師？

## 遊走於災難邊緣

娜塔莉幫助里克解決性障礙和經濟困境的努力，就像想要拿一支掃帚掃乾海水一樣，機會渺茫。

**娜塔莉**：發生在里克身上的事情真是沒有最壞，只有更壞，而且狀況越糟，他就越是壓抑。最後當他要賣公寓時，才發現房客把房子糟蹋得面目全非，地毯、窗簾需要重新買，牆需要重新粉刷，到處都需要維修……真是糟糕。在電話裡，我聽得出來他特別沮喪，如果不能重新修繕房子，他就無法賣，但他沒錢去維修，他破產了。我知道這需要一大筆錢，但我還是告訴他：「回家吧，我們一起想辦法。」

娜塔莉像所有的「救世主情結」執迷戀人一樣，為了情人而被捲入麻煩的漩渦。里克是典型的渣男，總是遊走於災難邊緣，不是車子離合器壞了，就是煞車出問題；一下子要維修房子，一下子又被債主追債。要是他終於出去工作，過不了多久就跟老闆起摩擦；一年到頭入不敷出。但他不認為這些是自己的問題，他只是少了扳回一局的機會。

里克的解決之道就是借助娜塔莉這把保護傘，去躲避整個世界對他的嫌棄，似乎所有人都背叛他、利用他、挫敗他。他疲於應付沒完沒了的煩心事，根本沒有想過，也許自己正在背叛娜塔莉，利用她，給她製造各種麻煩。

## 若即若離

很難理解是什麼在支撐著娜塔莉，她到底在這段感情裡得到了什麼。

**娜塔莉**：他進了臥室，倒在床上，兩眼直直地盯著天花板。我跟進房裡想要安慰他，他卻表示什麼都不想說。這真是刺痛了我的心。我想讓他知道，無論發生了什麼，我都在他身邊，但是他卻拒我於心門之外。

在這段感情裡，娜塔莉的情感需求完全被忽視，無論是里克還是娜塔莉自己，都沒把她的感受放在心上。她心裡怎麼想的、她需要什麼，在里克那些層出不窮的麻煩面前，都顯得微不足道。

娜塔莉忍受著一種特別痛苦的孤獨感：身處一段戀情之中，卻幾乎什麼都得不到。所有的執迷者幾乎都是如此，愛著的那個人分明就在身邊，心卻遙不可及。娜塔莉與里克同住在一個屋簷下，卻感覺好像被拋棄了一樣，在感情的世界裡，她總是得不到愛、支持和欣賞。

一個愛無能的情人，就和關上心門棄你而去是一樣的。相互給予，又彼此收穫，分享感受、思想、夢想和經歷，點點滴滴的交織造就親密的關係。在健康的愛情中，這種相互交流也會隨著每天的壓力變化而受到影響，畢竟誰也不可能一天二十四小時都在談情說愛。但是，對於有「救世主情結」的執迷戀人來說，得不到愛是生活的常態，而不是例外。

## 貪得無厭

里克從那間公寓回來後，娜塔莉心裡實在不確定這一次又需要花多少錢、費多少心力，才能解決他的新麻煩。

**娜塔莉**：他需要七千美元整修那間公寓，我跟他說我也拿不出這麼多錢，他就抓狂了，開始抱怨為什麼他這麼倒楣，生活總給他重擊，他為什麼希望此時此刻會有改變。他覺得我是唯一一個陪在他身邊的人，是他唯一的指望，但現在連我都不管他，他無依無靠了。他越是抱怨，我越是難受，最後實在是受不了。我發現他一難過，我就會內疚，接下來就是用信用卡借錢給他。

當里克意識到娜塔莉的同情心和母性還不足以讓她做出巨大的犧牲，便使出「罪惡感」的狠招，讓她感到自責，認為里克的慘狀是她的錯，因為在他生命中最灰暗的日子裡，自己棄他不顧。他根本不記得娜塔莉的付出、為他提供棲身之所、幫助他度過一次又一次的財務危機，在他沮喪時，陪伴他、安慰他，並且忍受著痛苦的、根本無法滿足的性愛。他實在是貪得無厭。

對於娜塔莉這樣堅定的「救世主」來說，罪惡感是不能承受之痛。她是一個無私、有愛的人啊，罪惡感嚴重動搖她自我價值的根基。里克一旦讓娜塔莉以為是自己越來越自私，娜塔莉就逃不出他的掌心，唯一正確的選擇就是給他錢。

娜塔莉跟里克糾纏越多，越是難以脫身。幫里克解決層出不窮的難題成為他們的生活模式，一種透支她的經濟、感情和性愛的生活模式。

## 放不下騙子情人

娜塔莉的執迷戀情和她願意「被需要」的心態，成了她的弱點，使她被困在里克那些五花八門的麻煩裡。同樣的原因，也讓其他的「救世主」——比如黛博拉——落入病態說謊者和大騙子的圈套。

黛博拉是我的一位老朋友，在一家中型廣告公司擔任業務經理。她很漂亮，金髮，碧眼，聰明又活潑，很讓人喜愛。黛博拉在業務上精明能幹，個人感情卻輕率、糊塗。遇見哈爾時，黛博拉四十七歲，離婚五年，三個孩子也已經長大成人。那時，她和大學好友戴夫在一家碼頭餐廳聚餐，等位子時，遇到戴夫的熟人哈爾，於是哈爾加入了他們。用餐的過程中，她和哈爾頗聊得來，飯後，哈爾約她去岸邊散步。

**黛博拉**：我記得剛認識時，他看起來帥得像電影明星，真的很迷人，很會引我說話。每次問到他的情況，他都不著痕跡地把話題轉到我身上。記得那時我心想：「這很有趣不是？終於有人對我感興趣，想要瞭解我了。」而且他看我的眼神……那時我覺得他真的就是我的菜。那晚在碼頭，我們一路上都在聊天，就只是聊天……高跟鞋磨得我的腳跟很疼，但我心裡還是期望這條路再長一點。當我們回到停車場，他跟我玩了個小遊戲，不告訴我哪輛車是他的，也不告訴我他從事哪一行。他只是說：「那些都不重要，重要的是我們對彼此的感覺。」我真的被他打動了，所以給他我的電話。等回到家，我才意識到，聊了一整晚，我都沒弄清楚他住哪兒、有沒有結婚、有沒有小孩……關於他，我什麼都不知道。他似乎很神祕，說不出什麼原因，真的很吸引我。

黛博拉所曉得的其實遠比她願意知道的多。所謂的一見傾心讓她對許多重要的線索視而不見，如果當初她願意冷靜一下，不僅能免卻無盡的哀傷，還能夠省下一大筆金錢。哈爾連最基本的資料都要隱瞞，這是一個危險警示，但她已經意亂情迷，喪失了判斷力。哈爾東拉西扯那麼多藉口，黛博拉本應嚴重懷疑他的人格、誠實度和他的生活狀態，但她選擇用一些浪漫字眼替他開脫，什麼「神祕」、「刺激」之類的。她對哈爾的外在深深著迷，不允許絲毫疑慮來破壞她心目中的美好形象。救世主情結一旦萌發，第一個吞噬的就是判斷力，或許在所有的執迷愛戀中都是如此。

## 當真相大白時……

第二天，哈爾打電話約黛博拉去海邊。他開車來接黛博拉，當黛博拉看到他的車時，震驚不已。那是一輛十五年的雪佛蘭，引擎蓋鏽跡斑斑，組裝的保險桿坑坑洞洞，車裡面也是破破爛爛。

**黛博拉**：看著那輛都快報廢掉的車，我好震驚……我是說，他的言談、穿著，他看起來……那麼成功。他肯定是察覺到我的反應，因為他先開口了：「這輛車是借來的。我的瑪莎拉蒂遭追撞，維修得花一個月。」聽起來還滿有道理的，但是在送我回家的路上，他要我從手套箱裡抽幾張面紙，我看到這輛車登記的車主是他本人。戳穿謊言讓我感覺有點難過，但我知道他一定是覺得窘迫，也是為了給我留下好印象，才那麼說的。

追求階段或戀愛的最初，為了給對方留下好印象而稍微誇大其詞或是粉飾自己，其實也不算過分。但是，哈爾關於汽車的說法是一個徹頭徹尾的謊言，黛博拉應該警醒，認真審視他的誠信問題。

一段感情開始的時候，我們都或多或少能從一些線索去瞭解對方的人品和性格，但一旦被「救世主情結」左右，所有關於線索的解釋都變成了掩飾——不管對方的謊言多麼蹩腳。黛博拉在哈爾外表的光環下魂不守舍，沒有讓他知道「欺騙」帶給自己的感受；相反地，她為哈爾找各種藉口。她害怕影響彼此關係的發展，而他們的「戀情」幾乎是空中樓閣。黛博拉已經為哈爾開啟了一種保護模式。

隨著兩人交往的深入，哈爾有時會在工作時間去公司找黛博拉，這讓她疑惑：這個時間，他為什麼沒有在工作？當她提出疑問，哈爾的回答是他做房地產投資，現在有幾筆交易在託管，直到其中一筆結束之前，他都有大把的時間。

**黛博拉**：他從來不花一分錢，我們約會時總是在我家吃飯，我下廚，然後上床。只要看見他的身體，我就會難以置信地悸動，他真的是很魅惑……他把香檳倒在我身上，慢慢地舔，有時還會帶來一些芳香精油，花上幾個小時慢慢撫觸……那簡直是天堂。但私底下，我常常疑惑，為什麼我們從來不出去呢？有天晚上，我終於向他提出了疑問。他有點尷尬，但他解釋說，他把所有現金都投進那些估價數百萬美元的房產，但這些房子都暫時遇上瓶頸期，以至於工程進度延期，一時收益無法落實，在度過延滯期之前，他都得守著鉅款卻無法開銷。雪上加霜的是，他每個月要支付超過兩千美元的贍養費給前妻和孩子，前妻還不讓他去看小孩，只想榨乾他的血汗。這是我第一次聽他提起前妻和兒子，但我滿開心的，至少他開始向我敞開心扉了。

哈爾的描述漏洞百出，黛博拉全都不在乎，反而選擇相信他胡編亂造的故事，欣喜地以為這代表了哈爾對她的信任。若懷疑他，就是蓄意破壞自己夢想中的完美戀情，這讓黛博拉如何能不信他。

像所有「救世主情結」執迷者一樣，黛博拉不願意看穿情人的謊言，在她心目中，建立信任的關係更為重要。她生怕自己給哈爾留下不好的印象：多疑、尖刻、缺少愛和被愛的能力等等。為了與哈爾維持戀情，對於他的謊言，她選擇裝聾作啞。

隨著交往的深入，黛博拉多次發現哈爾的小伎倆。比如，她發現哈爾沒說一聲就刷了她的信用卡，他表示歉意，說自己本來準備告訴黛博拉的，但是「不小心忘了」。還有一次，她發現自己的電話帳單有數通打往哥斯大黎加的冗長電話，哈爾不承認是他打的，儘管他曾經提過有位好友在哥斯大黎加。具體到一件件小事，好像他不過是撒點小謊，也不是什麼無法原諒的大錯，但把一次又一次的小錯加總起來，就讓人不得不警覺他可能是個花言巧語的騙子。但是，黛博拉依然堅持相信哈爾，接受他所有的道歉。

### ・「我和她不一樣。」

當哈爾最終開始對黛博拉提起前妻時，把前妻描述成一個貪婪、無情、粗俗的女人，而且自己是曾經生活在她的魔爪下，可憐又無助的受害者。他還說自從離婚後，他幾乎不敢再相信女人了。黛博拉被哈爾的故事打動了，非常同情他，她覺得自己必須撫平哈爾的感情創傷，向他證明並不是所有女人都像他前妻那樣。

**黛博拉**：當他表示很抱歉，沒錢帶我出門時，我告訴他，我可以偶爾請他去外面吃飯或者去音樂會，兩個人在一起，又何必分彼此，誰花錢並不重要。對此，他真的非常糾結，幾乎都是我要求他，請他答應讓我帶他出去。我們終於去了一些地方，他玩得很開心，看到他打起精神，我覺得很有成就感。我極力想向他證明自己不在乎錢，我在乎的是他。我可不是像他前妻那種心機重的自私女人。

對於黛博拉來說，哈爾是在婚姻戰場受傷的戰士，她決定要當他的白衣天使，為他療傷，她要再度充實他的生命，然後他們就能幸福地生活在一起。她要讓哈爾看看，她是一個奉獻者，不是索取者，她會讓哈爾對女人重拾信心。

請他出去吃飯只是個開始，幾個月後，黛博拉讓哈爾搬進家裡，這樣可以幫他省下房租。又過了一個月，她堅持要借給哈爾六千美元，幫助他支付逾期的贍養費和撫養費。

**黛博拉**：接著，哈爾有一筆投資遇到問題，需要每個合作夥伴額外拿出兩萬美元，他當然拿不出來，所以我提出以換取他部分股份的方式替他支付。他看起來相當不好意思，掙扎良久，但想到我這筆錢並不算借，而是一筆投資，這是件好事，他終於同意了。能為他分憂，我感覺很開心，而且我也可以獲利。

儘管哈爾層出不窮的麻煩讓黛博拉的開銷越來越大，但她完全不在意，因為這些花費都是為了替他療傷。哈爾從來不用開口向黛博拉要錢，只需要抱怨出了什麼麻煩，黛博拉就忙不迭地雙手奉上辛苦存下的血汗錢。

## 飛蛾撲火

黛博拉眼睛眨都不眨地借錢給哈爾，認為只要他隨便哪筆生意度過難關，自然就會把錢還給她。她相信，哈爾會是個活力無限、成功又愛她的好男人……因為直覺告訴她了。她知道只要幫助哈爾度過暫時的困境，他就會成為她「唯一的完美情人」。

接下來，她將面對的狀況無異於晴天霹靂。

**黛博拉**：我在商場遇見戴夫，我說我現在跟哈爾在一起，他一副難以置信的樣子。我們一起喝咖啡，我問他認不認識哈爾的前妻，他很吃驚地說：「什麼前妻？哈爾沒有結過婚啊！」我的第一反應是：「戴夫，你開什麼玩笑！」但他發誓說他沒開玩笑。我難過極了，覺得自己的心臟病都要發作了。我開始大喊大叫：「這怎麼可能是真的！哈爾每個月要給他前妻和兒子兩千美元的贍養費！你都不知道你在說什麼！你知道你在說什麼嗎?!你怎麼可以跟我開這麼殘酷的玩笑……」我還叫著再也不要看見他，生氣地哭喊著跑出商場。直到現在我都記得戴夫一臉的震驚和困惑。

戴夫丟下的重磅炸彈幾乎摧毀了黛博拉的世界。如果她相信戴夫，那就是相信哈爾在騙她，但是她「唯一的完美情人」是不可能說謊的。像很多執迷的戀人一樣，「救世主情結」執迷者堅拒承認有可能破壞他們幻象的現實。

黛博拉對戴夫發火是為了轉移自己的痛苦，她明白哈爾很有可能欺騙她，這種痛苦是她難以承受的。如果哈爾關於前妻的說詞是謊言，那麼他的愛、他的依賴、他的想念有可能全是謊言，包括他的生意，也許就是一個圈套，把黛博拉當傻子。她不敢細想，太可怕了。為了不讓自己的世界崩塌，她轉而向戴夫發火，就像古代的帝王怒殺前來傳達壞消息的信使。

### ‧「跟我說實話，我會幫你的！」

如同黛博拉不願看、不願聽任何關於哈爾的壞事一樣，她也不可能完全忘記戴夫的那番話，那些話正在動搖她自欺的堡壘，讓她無法再逃避，戴夫的話可能都是真的。忽然間，哈爾的各種「說詞」，關於那輛破車、用她的信用卡、打長途電話，這些事又襲上心頭。在此之前，她很不在意地把這些事分開來看，以為都是偶然，現在這些事情清晰地串聯在一起，她不得不懷疑，自己可能落入了一個精心設計的騙局。

**黛博拉**：回到家時，我都快瘋了，我要知道實情。哈爾正悠閒地躺在泳池邊，一副玩世不恭的模樣，喝著冰鎮果汁蘭姆酒。我把戴夫的話告訴他，求他告訴我實情。如果不能坦誠相待，以後的歲月我們該如何相處呢？他非常沮喪，懇求我原諒他，並且向我坦承確實沒有前妻，也沒有孩子，他沒有拖欠贍養費，他這麼做是為了弟弟。他弟弟因盜竊被捕入獄，需要六千美元保釋，他擔心如果我知道這件事，就不會幫他了，他不敢想像弟弟在監獄裡會遭遇什麼。我告訴他，我很傷心他不夠信任我，不告訴我事情的真相。我愛他，我們需要重新開始，沒有謊言、沒有編派的藉口、沒有欺瞞。

當黛博拉面對哈爾時，以為自己是想要真相，但其實她真正想要的是要哈爾幫她收拾破碎的信任。所以她願意接受越來越離譜的解釋。她需要哈爾帶她遠離痛苦和恐懼，向她證明愛情完好如初。再一次地，哈爾如她所願。

**黛博拉**：他發誓，從今以後我再也聽不到一句他的謊言，我們抱頭痛哭。趕他走這個想法，我從來都沒有考慮過，因為我知道我們要天長地久。那晚我們熱情地做愛，從來都沒有那麼美好過。第二天早晨，我睜開眼，他已經走了。

黛博拉再也沒見到哈爾，當她仔細查閱她的房地產「投資」時，發現合約所列的計畫根本就不存在。她確實是掉進了一個精心策劃、環環相扣的大騙局裡。黛博拉統計了這段期間花在哈爾身上的錢，總共超過三萬美元，即便如此，比起她付出的感情，金錢不值一提。

- **「我怎麼能讓這種事發生在自己身上？」**

一個星期後，我和黛博拉共進午餐，她告訴了我最近發生的事。乍一聽我很吃驚，我們是密友，她常常對我訴說感情問題，但這段時間我們見過好幾次面，我卻一點都沒察覺她和哈爾的事。隨著細節慢慢展開，我就明白了，黛博拉的保密不足為奇。「救世主」通常都會選擇袒護他們的問題情人，替他們找藉口，替他們遮羞，挺身而出把殘酷的真相擋在外面。

黛博拉意識到，直到最後，她都忽視了哈爾繼續撒謊的確鑿證據。哈爾承認前妻和孩子的事都是假的，他的藉口是要六千美元去保釋弟弟，但是在他編造的故事裡，為前妻和孩子支付贍養費是在弟弟入獄之前至少一個月，那時他是如何知道弟弟很快要行竊入獄？

黛博拉向我訴說這段經歷時，淚如雨下。她哽咽道：「老天啊！蘇珊，一向聰明的我怎能讓這種事發生在自己身上呢？」我勸她不要再責怪自己，她不是第一個被欺騙的聰明人，肯定也不是最後一個。「救世主情結」讓她成了騙子眼中的絕佳「目標」。

我最近一次見到黛博拉時，她看起來好了很多，已經能笑著說自己「花錢買教訓」，言談中看不出一點傷懷了。她開始重新存錢。但在感情方面，經歷了如此艱難的一年，她還需要很長的時間來撫平創傷。

## 人渣的誘惑

哈爾像一場颶風席捲黛博拉的生活，來去匆匆，留下凌亂和傷害。他無情地利用黛博拉的執迷，直到彌天大謊開始被揭穿，他發覺很快就要紙包不住火了，於是選擇收網撤退，大概又開始搜尋下一個獵物。

遺憾的是，這個世界還有很多哈爾之流——長著迷人的外表，內裡卻缺乏或者根本沒有良心，沒有同情他人的能力，從不反省自己對別人造成的傷害，百般玩弄情人於股掌之上。這類人通常有一個共同點：貪財。臨床上稱這類人為「反社會人格」，俗稱人渣。

反社會人格者通常具有飄忽不定、迷人、憂鬱、性感與巧言令色的特點。他們帶著戲劇化而令人興奮的光環，巧舌如簧，說著深情款款的浪漫承諾，華麗的詞藻猶如電影臺詞，聽起來每一個字都發自肺腑。但這一切都是金玉其外，敗絮其中，承諾得越是動聽，就越是空洞。

反社會人格者利用別人，長期撒謊，善於操控他人。他們在生活中處處製造痛苦，無論是生意夥伴還是私人感情，誰信任他們，誰就被傷害。可是從情感層面來說，他們自己倒是很少難過，缺乏正常的情感機制，他們無法感知正常的人與人之間的感情。他們更是缺少自我反省的能力，毫無道德約束。正常人在傷害了別人時會感到內疚和焦慮，他們視傷害他人如易事，無動於衷。

「救世主情結」執迷者常常和「反社會人格」的人渣糾纏在一起，因為「救世主」是給予者，而反社會人格者正好是掠食者。

反社會人格者有一項附加優勢，就是他們都非常懂得誘惑的藝術，不幸的是，修練這門技術的目的不是為了愛，而是為了錢。

大多數反社會人格者的行動都非常迅速，以至於受害者對他們尚一無所知就陷入了愛情。當黛博拉讓哈爾搬進家裡時，根本不曉得他過去住在哪裡、做什麼工作，他的背景是什麼，她完全一無所知。黛博拉還沒來得及去懷疑哈爾那些漏洞百出的故事，就對他怦然心動，而且一旦陷入愛情，她便不願意去懷疑。

如果你像黛博拉一樣，源源不斷地把錢借給你的情人（或是**即便只有一次**，被誘騙而為情人花了一大筆錢，作為禮物、借款或投資），不要猶豫，你最好找律師或是財務顧問來保護你的利益。並不是說戀人只要向你借錢，就一定是反社會人格者。但話說回來，在現實的世界裡，要保護自己遠離哈爾這類騙子，唯一的途徑就是求助於第三方，因為少了感情的糾纏，旁觀者清。第三方的介入很可能會觸怒你的戀人，或者威脅到你自己心裡關於感情的美好想像，但錢是錢，情是情，這是兩碼事。

反社會人格者帶來的只是鏡花水月，當投入一顆現實的小石子，所有的幻影全都支離破碎，留給受害者揮之不去的陰影。

## 執迷於成癮情人

當「救世主」遇到有毒癮或酒癮的戀人，沒有哪種戀情比這個更慘了。各種成癮狀況是不可能被愛情克服的，不管戀人有多麼在乎、多麼理解、多麼富有同情心、多麼苦口婆心，甚至苦苦哀求，都無法與毒癮或酒癮抗衡。**除非成癮者自己產生強烈的自主意識**，否則世界上所有的拯救措施都沒用，只能緩解成癮行為導致的後果，這顯然無法解決根本問題。如果執迷者的戀人恰巧有毒癮或酒癮，那必然是非常痛苦又糾結的感情，柯克的故事戲劇化地說明了這點。

三十八歲的柯克正在戒酒。他是一家大型電腦公司的程式設計師。戒酒無名會（Alcoholics Anonymous，簡稱ＡＡ）的贊助者帶柯克來我這裡接受諮商，他擔心柯克的情人蘿麗塔會再把他帶回過去的生活方式。蘿麗塔有嚴重的毒癮和酒癮，而且完全無心要改變自己糟糕的生活。

蘿麗塔跟柯克分分合合兩年了，她會搬到柯克家住一、兩個月，然後又搬走，連聲招呼都不打，接下來幾個月音訊全無，然後忽然有一天，又出現在他家門口，不出意外地必定是惹上了各種麻煩。柯克前來找我諮商時，蘿麗塔住進他家不過幾個星期，已經又鬧著要離開他。

**柯克**：我難受得像住在地獄裡一樣。之前她說上週六要搬走，但現在已經過去五天了，我不知道她是否還要離開，也不曉得她會不會留下來，我真的很想知道。我很想要她留下來，真的很希望她過正常的生活。這個女人快把我逼瘋了。為了這個女人，我也快把自己逼瘋了。

遇到蘿麗塔之前的四年間，柯克經歷了幾段蜻蜓點水般的感情。他是一個傷心人，十年前，因為他酗酒，妻子離開了，帶著四個孩子搬到遙遠的佛羅里達。每當他對異性動心，離婚的痛楚就會湧上心頭，讓他對新戀情望而卻步。

直到有天遇到蘿麗塔，一切都改變了。蘿麗塔當時在他的公司附近工作，是檔案管理員。

**柯克**：有一天，我的車出了毛病，發動不了，我知道她住附近，所以問她能不能順路載我。到了我家，我邀請她進屋喝一杯，她答應了。我渾身髒兮兮的，所以說要先去沖個澡，當說出這句話時，我忽然有種感覺，於是問她要不要和我一起去，她答應了。我們在淋浴時做愛，然後我們嗑藥，更加瘋狂地做愛，就這樣，我愛上了她。那時候，一切的一切都情意綿綿，接下來的十天，除了上班、吃飯、喝酒、嗑藥，我們都膩在床上。

柯克和蘿麗塔的關係是酒精、毒品和欲望催生出來的，基於對現實的扭曲感。這種催情氛圍簡直是為執迷戀情量身打造。

## 不一樣的「理想化」

大部分執迷者採用「理想化」的方式，以偏概全，隱瞞戀人的缺點。但「救世主情結」

執迷者明明很清楚對方的缺點或糟糕的生活方式，也義無反顧。

**柯克**：是的，她嗑藥又酗酒，但我們剛剛認識的時候，我不也是這樣嗎？我是說，我又有什麼資格去評價她呢？而且，我知道她其實是個好女孩，她非常多愁善感。記得有一回我拍死了一隻蜘蛛，她為了這件事很難過。我知道在本質上，她是我的完美女孩。她真的很好，漂亮，讓我感覺特別棒，而且她知道怎樣讓我燃燒起來，我們澈底為對方著迷了！接下來，十天之後——那是我生命中最美好的十天——她消失了，她把所有的東西都帶走，就那麼離開了，我的**心**都碎了。

柯克好像在以透視眼看待蘿麗塔，覺得自己可以透過蘿麗塔糟糕的外在，望進她善良、美好的本質。

他可以不在乎蘿麗塔嗑藥、酗酒，但是她反反覆覆地離去，他應該明白蘿麗塔的善變。她離開時連聲招呼都不打，說明她根本不在意柯克的感受，而且她也不再去工作了。即使她如此顯而易見地不負責，也不影響柯克相信她是自己「唯一的完美情人」。

### ・「別再教我該怎麼做！」

柯克沒有把眼前的蘿麗塔理想化，他是把「**將來的**」蘿麗塔理想化了。他下定決心去追回她，改造她。

**柯克**：我從人事部找到她父母的地址，隨後去了她母親在好萊塢的家，又去了她父親家……他們的回答都是：「她不在這裡，她不在這裡，她不在這裡。」我守在甜甜圈店，想要遇見她，但哪裡都找不到。

我澈底瘋了，不知道徹夜痛哭了多少回。我開始嗑藥，用酒精麻醉自己，上班總是遲到或者乾脆請病假。很快我的老闆就發現了，他告訴我，不是戒酒，就是離開他的公司。從那時開始，我就參加了戒酒無名會。

柯克切切實實地去了戒酒無名會，每週參加四次活動，看起來保持清醒已經沒問題了。但是幾個月後，蘿麗塔又回到他身邊。

**柯克**：她出現在我家門口，帶著行李，告訴我：「我需要一個住的地方。」我問她這段日子都去了哪裡，她說如果我想當警察盤問她，她就回自己的車上去睡，所以我連忙說：「好吧，來跟我住吧，但是別再嗑藥和喝酒了。」她說好。

蘿麗塔住進了柯克家，當晚就開始喝酒。養了蘿麗塔幾個月之後，柯克勸蘿麗塔跟他一起去戒酒無名會，但是蘿麗塔拒絕了，而且看似很氣柯克干涉她。

**柯克**：我從戒酒會得知，如果她自己不想改變，我是幫不了她的。但我沒有放棄嘗試，我想幫她。

她沒有自尊，也沒有工作，哪裡也不去。我試圖勸她重新出去工作，但是她無動於衷。我就在報紙上圈出徵人啟事攤在床上，但這只會觸怒她，她大聲尖叫，罵我是混蛋，只想著要操控她的生活。我無法理解，我為她做盡一切，她還對著我尖叫，好像我是個可怕的怪物。

柯克以為只要用心照顧蘿麗塔，她終會愛上自己。他想成為蘿麗塔的依靠，讓她離不開自己，再也不會像前妻那樣離開。但是，蘿麗塔把柯克的「幫助」看作是侵犯她的自由。是的，她是依賴柯克，但這種依賴讓她憎恨，讓她掙扎，柯克對她的照顧正說明了她有多失敗。

「救世主情結」執迷者常常發現他們和問題情人之間的關係是愛恨交織。「問題情人」索取得越多，「救世主」越是覺得被依賴；而他們越是受到依賴，也就對自己的生活失去控制越憤怒。

可是，如果「救世主」對於伸出援手有所遲疑，就像里克有回需要一大筆錢，而娜塔莉一時承擔不起，「問題情人」一樣會生氣，認為自己遭到拋棄。「救世主」若伸援手，就是干涉自由；若不伸援手，就是不負責任的拋棄，怎麼做都不對。

**・「她緩緩地跳著死亡之舞……」**

儘管蘿麗塔發了火，柯克還是堅信只要愛她、照顧她，漸漸消除她的抗拒，他們終究會走到一起，幸福地生活。

**柯克**：我知道沒什麼理由不趕她走，但我這輩子、下輩子、下下輩子，永遠永遠都不會那麼做，我是她唯一的機會了。她偶爾也會為我下廚，而且她在床上非常棒。但是我承擔所有的開銷，房租、買菸、加油、吃飯、看病……我還得幫她買酒、買毒品，我怕要是不買給她，她就會離開我。我瘋狂愛著她，但是入不敷出，越來越難以支撐。而她像是緩緩地跳著死亡之舞，酒喝得越來越多，嗑藥也越來越肆無忌憚。

蘿麗塔沉醉地跳著她的「死亡之舞」，而柯克就是舞臺上的樂師。在柯克熱情的幫助之下，狀況越來越糟。蘿麗塔酗酒、吸毒，柯克沒有阻止，反而幫她買酒、買毒品。成年人首先要自立、對自己負責，柯克的幫助卻向蘿麗塔釋放出一種信號：你不用自己努力，我會為你做任何事。柯克允許蘿麗塔依附他生存，正因如此，他實際上是在加快蘿麗塔自我毀滅的步伐。

擋在柯克面前的有兩大勁敵：興奮劑和酒精。他眼中只有蘿麗塔，而蘿麗塔眼中只有酒和興奮劑。他知道自己算不上是蘿麗塔的最愛，但仍然傻傻相信自己能夠打敗兩大勁敵。很多「救世主」以為一腔愛意終能感天動地，勸回心上人放下毒品或酒瓶，但酒癮或毒癮是非常複雜，而且異常頑固的，只有當事者拿出強大的決心和勇氣去改變自己，才能戒除。除了自己的決心，誰也幫不了他們。

## ．「我的愛耗盡了。」

蘿麗塔的酒癮和毒癮把她和柯克的生活攪得一團糟。終有一天，再有奉獻精神的「救世主」也將被逼到無路可退——柯克終於忍無可忍地爆發了。

**柯克**：我厭倦了沒完沒了地付帳單，也厭倦她喋喋不休地抱怨。我的錢已經花光，愛已耗盡，同情心也消磨殆盡。我們只剩下互相埋怨，互相指責。我受夠了，於是決定啟用「黃金準則」，也就是誰出錢，誰說了算。我跟她說：「你看，一直都是我花錢，我再也付不出來了。你該走了。」第二天她就收拾好自己的東西，叫來幾個狐朋狗友，把行李往小貨車上一扔，揚長而去。我以為我解脫了，卻又覺得難過。

柯克顯然沒有他聲稱的那樣堅強，不對等的愛讓他失落又傷心。「救世主」總是被利用、被消耗、被榨乾，所以也不奇怪有很多救世主到最後都選擇放棄。但不幸的是，「放棄」這個正確的決定往往難以貫徹，「救世主」很難全身而退。

## 救贖的代價

柯克的愛也許耗盡了，但他的執迷依舊。

**柯克**：她離開的第一個夜晚，我覺得非常難熬，睡不著覺，五分鐘就去一趟廁所。我胃痛、手心出汗，因為自責而頭痛欲裂。不知道她離開我之後會遭遇什麼，一想到她無依無靠，我就被深深的罪惡感吞噬，開始後悔讓她離開。幾天後，我去找她，但她早不知到哪裡去了。戒酒會的互助同伴勸我就此放手，我忍不住對他發火，要他滾，去他的戒酒會！後來他找到我時，我已經灌下幾瓶威士忌，不省人事。後來我在戒癮病房裡醒來。

柯克墜入了谷底，覺得是自己把蘿麗塔丟進狼窩。他拋棄了自己「唯一的完美情人」，自私、冷漠又殘忍。好不容易理性地斷絕與問題情人的來往，他卻付出了高昂的代價，充滿罪惡感，深深地自責——這是**所有「救世主」的困境：對自己越好，感覺越難過。**

儘管柯克做了對自己來說最好的選擇（也許對蘿麗塔也是最好的選擇），讓蘿麗塔離開他的生活，但是他自己卻不這麼認為。

**・「我以為我們之間已經結束了。」**

柯克又回到往日的生活節奏，開始適應沒有蘿麗塔的生活。

**柯克**：接下來的幾個月，我好好反省了自己的行為，又認真地回去戒酒，還和一同戒酒的女性約會，相處甚歡。我又開始努力工作，彌補和蘿麗塔在一起時所錯失的……我還是忍不住會想她，但我決心要忘記她，我想我們已經結束了。然而，她又回來了。她跟我要一百五十美元，說如果不給毒販這筆錢，對方就不會再供應她毒品，我給了她錢，但是說她簡直像個妓女。當時她很難過，承認有一段時間確實有去阻街拉客，但招來的總是警察。她看起來大不如前，吸了太多毒，顯得非常憔悴，讓人痛心。她很害怕再回到大街上拉客，所以我又給她錢。我明白，接下來一定是她搬回來住。現在我得養她，還養著她的狐朋狗友，給她錢……除了我現在不再喝酒，還能保持清醒，其他幾乎又回到最開始的狀態。

柯克沒有意識到，儘管他試圖清除生活中蘿麗塔的陰影，但因為對蘿麗塔的執迷與希望自己「被需要」，使他非常容易被影響。柯克以為時間和距離足以讓他漸漸忘了蘿麗塔，但這不過是癡心妄想。可以想見，只要蘿麗塔回來，勾勾手指頭，柯克立刻就把新生活拋在腦後，甘願為蘿麗塔做牛做馬。

很多執迷戀情，尤其是「救世主」與「問題情人」模式的戀情，都結束過不只一次，而是很多次，分分合合，讓人心力交瘁。

如果你是「救世主」型的戀人，而你意識到對戀人的奉獻應該有底線，或者你想退出那種不健康的感情，也拿出了足夠的勇氣去改變自己，那麼非常重要的一點是，千萬不要盲目地相信自己已經走出來了。儘管理智堅定地認為再也沒有回頭路了，但大部分「救世主」都無法拒絕「問題情人」再度闖入他們的生活。

## 力量的失衡

問題情人玩弄「救世主」的罪惡感、同情心與善意，如同演奏小提琴的熟練指法。蘿麗塔知道柯克不忍心看她去阻街，窮盡所有也要幫助她，她已經抓住了柯克的弱點。哈爾利用黛博拉對愛的執迷，將她誘進謊言編織的大網，熟練地操控她的思緒，讓她主動慷慨解囊。里克靠的是訴苦，他只要表現出很沮喪的樣子，娜塔莉就忙不迭地敞開心扉，同時也敞開錢包。

「救世主情結」的矛盾之處在於「問題情人」看起來軟弱又無助，但實際上他們才是操控者，他們掌握著感情的主動權。同樣的道理，「救世主」貌似掌控者，實際卻是感情的傀儡，被戀人的需求榨乾。

被「救世主情結」所操控時，執迷者很難拒絕戀人的需求，但是這種反覆營救、無節制付出的模式是可以擺脫的。在本書的第三部「掙脫執迷愛戀的牢籠」，我們將告訴你走出「救世主」角色的方法。

# 執迷戀人的「目標」

# 第二部

## 第五章

# 共伴執迷者

這段感情把我折磨得快要發瘋。我已經分不清這是愛，還是恨了。——凱倫

許多人認為如果戀情出現問題，那麼感情的雙方都有責任，所謂一個巴掌拍不響。但是，對於很多被執迷者盯上的「目標」來說，這樣的評斷不盡合理。有些人沒有意識到對方執迷於自己；有些人根本都不回應執迷者的求愛；更有一些人在戀愛過程中，發現對方開始變得執迷，於是非常明確而果斷地提出要結束關係。成為執迷者求愛「目標」的這些人，並不願意捲入執迷戀情，不享受執迷戀情，也不想要執迷戀情。

但是有一部分「目標」沉迷於對方的執迷愛戀，就像他們執迷的情人一樣。他們的行為

不僅沒有阻止對方投入執迷，反而鼓勵對方變本加厲。實際上，這些「目標」本身也具有一些潛在的執迷情結，像自己的執迷戀人一樣，追求激情和刺激，害怕被拋棄，內心極度空虛——我將這類「目標」稱為「共伴執迷者」。

## 共伴執迷的戀情

在共伴執迷的戀情裡，執迷者和「目標」之間的界線已經模糊，凱倫和雷為我們提供了一個典型的例子。

凱倫是專業的影視舞者，眼神迷濛，頭髮烏黑，身材高䠷。她在電影片場與擔任攝影師的雷初相遇，立刻被他酷似哈里遜．福特的外型吸引。

兩人有太多相似之處：同樣三十二歲，都是獨生子女，家鄉都在芝加哥，目前都單身，也都結過婚，雷曾有五年婚姻生活，凱倫有過七年婚史。而且他們都離婚好幾年，沒有孩子。雷在離婚後遇過幾段戀情，但都沒能維持幾個月。凱倫也是，離婚後就沒有正式戀愛過，「因為他們總是看起來越來越不耐煩，然後就離開了。」這個問題在她和雷之間沒有出現。

凱倫和雷的感情轟轟烈烈地展開，但除了一致認為深愛對方之外，彼此的意見就再也沒有一致過，不過爭吵似乎成了他們之間的小情趣，讓兩人的性愛更加升溫。接下來的兩年裡，兩人一直生活在吵吵鬧鬧中，有時凱倫厭倦爭吵而提分手，然而他們已經建立了牢固的情感連結，雷總是能勸回她。

一次鬧分手後，凱倫堅持雷跟她一起做心理治療，並以此作為和好的條件。她希望專業的心理輔導能夠幫助他們走出分分合合的循環。來找我諮商時，兩人看起來都非常迫切地想要擺脫之前破碎的關係，建立穩定、健康的愛情。

**凱倫**：我內心很掙扎，因為他干涉我時，我感到窒息和壓抑，也會因此發火，但是同樣地，我們又非常愛彼此。我知道遇見他是多麼幸運的事情，我需要他，我不能沒有他。

凱倫內心的掙扎是所有共伴執迷者的通病，一會兒想這樣，一會兒又想那樣，陰晴不定。也像許多共伴執迷者一樣，她在愛恨之間搖擺，那份優柔寡斷加劇了雷的不安全感，使他的占有欲更加強烈。

**雷**：每一次她說分手，就像殺了我一般。她把我踢出家門，過了幾個星期又改變主意，這簡直把我折磨得快瘋了。我那麼愛她……這實在太痛苦了。我們總是超級天翻地覆，然後再和好，一會兒上天堂，一會兒入地獄，反反覆覆。我一直想要更多的愛，而她一直後退，就是不給我足夠的愛，於是讓我更加急切。我們的關係就像如此，絕大多數的時候都是這樣在愛中拉鋸，就好像是她的病引發我的病，互相傳染。

凱倫和雷這種分分合合的模式，在共伴執迷者之間很常見。但縱使他們從不會真的想要跟對方分手，說起戀人時，不外乎都是在一起，日子無法過；離開了，簡直無法活。這樣的關係註定痛苦又令人疲憊，難以「善終」。

## 你是「共伴執迷者」嗎？

為了幫助你確認自己是不是共伴執迷者，我設計了一份檢視清單，在其中描述了共伴執迷者的典型矛盾情感。

**・身為執迷者的「目標」……**

1. 你是否在激情和壓抑之間，反覆搖擺？
2. 你有沒有對你的戀人一下子愛慕，一下子厭惡？
3. 戀人的強烈感情，是否讓你既享受又反感？
4. 你們關係的刺激和不確定感，是否令你感到興奮？
5. 當你想要站出來維護自己在戀情中的權益時，你是否有罪惡感？

以上問題，只要有一個回答「是」，那麼你極有可能就是共伴執迷者。身處雲霄飛車般大起大落的感情中，你很難看清楚自己的行為（無論是主動或被動）實際上是在鼓勵對方的執迷。除非你清楚地認知到自己在這段愛情中的角色，否則你們的關係很難好轉。

## 當激情轉化成壓抑

對於共伴執迷者來說，執迷的激情無異於兩面刃，既誘惑又危險。一方面，執迷戀人的強烈感情和浪漫調調，不禁讓他們感到飄飄然和刺激；但另一方面，執迷戀人的反覆無常也使他們備感壓抑和茫然。

**凱倫**：他打給我的第一通電話幾乎如絕望般急切，他想要見到我，立刻、馬上見到我，每分每秒都要看著我。我的電子信箱裡每天都有他的情詩，一天要給我好幾通電話，常常送我鮮花。我被他吸引了，我們在床上的感覺也非常好，我喜歡他的熱情……大多數情況下是這樣。我也知道有點不對勁。他的愛太多、太熱烈，而我剛剛從一段冷漠的婚姻中走出來，前夫酗酒、漠視我、常常出軌，所以雷的熱情讓我很開心。

不幸的婚姻和長時間缺少新戀情，嚴重打擊了凱倫的自信，使她像一個受傷的病人，急切地想要得到治療。雷的熱切求愛恰似一劑良藥，撫慰了她空虛的心。雷契合了凱倫內心深處的需要，讓她再次感受到身為女人的美好，這份熱烈的愛足以消除她的不安。

### ・「我快窒息了！」

打從交往開始，凱倫就注意到雷個性中讓她煩擾的地方。儘管一開始，她很喜歡雷的浪漫追求，但很快地，他的熱情升級為強烈的嫉妒，這是兩人之間起衝突的主要原因。

**凱倫**：在認識雷之前，我有很多異性朋友，有認識六年、七年，甚至十年的老朋友，就是單純的朋友關係，我們不時聚會、共進午餐，或者一起處理工作的事之類的。但是自從雷進入我的生活，他的嫉妒隨之而來，他非常、非常嫉妒我所有的男性朋友，只要有電話打來，他就會過來問：「誰打來的？他打過多少次電話給你？他為什麼打給你？他想幹麼？」他不相信我們只是普通朋友。他想知道我每天都在做什麼、我跟誰一起，就算我在工作也一樣。我無法理解他怎麼會想這麼多。

**雷**：認識她的男人幾乎都想跟她更進一步，這讓我非常沒有安全感。許多時候我沒和她在一起，當我問她：「今天過得怎麼樣？」她都懶得回答。不管我問什麼，她都不回答，這他媽的把我逼瘋了！原諒我爆粗口。

**凱倫：**他好像總是高高在上，讓我感到窒息，一肚子委屈卻說不出來。我覺得應該對他好一點，所以就得不停地回答他的各種質疑，鉅細靡遺。這種逼供似的生活，每一秒鐘都讓我覺得煎熬。

無論在哪種情況下，雷的「審問」都是不合適的，但在戀愛最初的階段就開始如此，也算是比較極端的例子。雷的嫉妒讓凱倫感到非常壓抑，這種負面的感覺也影響他們之間的激情和性愛，並且最終將破壞這份愛情。凱倫的應對之道就是有問必答，不管合不合理，她想這樣來安慰雷，卻使得他更加確信自己的做法是非常合理、有效的。

## 侵犯他人的底線

雷的「審問」讓凱倫感覺自己被侵犯了。雷侵犯了她的底線，侵入她以感情、思想、欲望、需求和權利來圈定的個人領土。雷侵犯了她的自由，干涉了她的獨立空間，這讓她非常憤怒。

**凱倫：**我內心充滿了憤怒，但我從來不會發火。我感到自己被輕賤、被冒犯，就像是我沒有個性、沒有自己的生活似的。就好像我不是自己的主人，他才是我的主人，他想要我怎樣，我就得怎樣，這讓我惱火極了。但我表達憤怒的唯一方式就是疏遠，這是我自己的方法。我開始築起一道厚厚的牆，躲起來。每天早晨，我都一頭栽進報紙裡，裝作看報，不想跟他說話。我常常工作到很晚。散步時，不願牽他的手。只有這樣子，我才覺得自己又是一個獨立的人。

面對雷侵犯界線，凱倫沒有直接反抗，而是選擇疏遠。她築起一道情感的牆，躲在後面。其他的共伴執迷者處理類似侵犯的方法多是反抗，比如爭論、大吵大鬧、互相指責，或者乾脆分手（但要不了多久又在一起了），相信透過吵鬧，能夠重新奪回自己的獨立空間。但是當喧囂歸於平靜，他們又走上了「控制」與「反控制」的舊路。

藉由疏遠雷，凱倫覺得自己又找回自主性，重新做回自己。如果是在一段健康的愛情中，這沒問題。但共伴執迷者的矛盾點之一，就是「目標」越想靜一靜，越會激起執迷者的控制欲。疏遠是激怒執迷戀人的第一步。

**雷**：她走進浴室後關上了門。她居然那麼做，我氣瘋了。關上門意味著拒絕我，這讓我很害怕。我並不是非得要那扇門開著，要看著她在洗手間的一舉一動。問題是，以前她在洗手間刷牙、梳頭髮時，都是開著門的，我們彼此分享那段時光。但她現在忽然要關上門，需要單獨在浴室，讓我很心煩。我想：「你就是梳頭而已，有必要這樣嗎？你這樣只會讓我抓狂。」

**凱倫**：我心裡在喊：「該死的！別這樣對我！我想要一點自己的空間！」這個男人絲毫沒有隱私的觀念，在他身邊，我沒有自己的生活，甚至不能單獨刷牙。但是我什麼也不說……我只是把門打開。我是說，誰願意大清早起來就吵架。

凱倫依然遷就雷，縱容他在各方面侵犯自己的隱私。她一點一點地喪失了自己在心理和感情上的底線，這等於在默許雷繼續做出執迷行為，甚至還變本加厲。

## 共伴執迷者的困境

共伴執迷者往往視自己為受害者，而他們的執迷戀人則是加害者，畢竟是執迷者表現得瘋狂、嫉妒、無理。確實，執迷者承擔著主要責任，但共伴執迷者也並非完全無辜的旁觀者，至少他們是自己選擇留在這樣的戀情中，繼續受害。

共伴執迷者深深依戀著執迷的戀人，也沉迷於激情洋溢的戲劇性愛情，所以他們很難離開對方或者為自己保留底線。適當的設限，能夠指引感情往健康的方向發展。共伴執迷者就像是陷在流沙中無法動彈，困惑、猶疑、自責、有罪惡感，以及內心空虛。

## 共伴執迷者的空虛

執迷者與共伴執迷者之間的差異，主要表現在執迷者扮演著支配和侵略的角色，共伴執迷者則處於被動地位。但兩者不約而同有一個共同點：不斷地需要愛情來填補內心情感的空虛，永不滿足。

**凱倫**：所有朋友都勸我離開雷，說他心理不健康，這段關係對我來說不安全。但是我內心的空虛深不見底，我需要填補這份空虛，需要有個人來填補，而雷比世界上任何一個人都能滿足我。

當凱倫談起她的「空虛」時，所描述的是一種極深的情感空洞，遠超乎大多數普通人對愛和浪漫的渴望。共伴執迷者與執迷者類似，無論工作、家庭、朋友或其他，任何事情都無法填補他們內心的極度空虛。

雷走進凱倫的生活，填補了她心裡的空虛。不幸的是，他帶給凱倫的是帶來混亂的執迷，而不是滋養的健康愛情。凱倫沒能分辨出這一點，她對愛的渴望太強烈，那是打從兒時就種下的極度渴求。

凱倫父母的婚姻狀況非常糟糕。她到現在都還記得，小時候父親只要在家，總是對著她和媽媽大吼大叫。父親常常不回家，母親整天擔心會失去丈夫，而最後他們的婚姻還是走到盡頭，凱倫的母親陷入極度憂鬱。這種情況下，凱倫在幼年時代一直得不到應有的關愛。

**凱倫**：回想起來，爸爸除了罵我，跟我在一起好像從來沒有超過十分鐘。媽媽雖然在我身邊，心卻離我很遠，好像我不存在似的，她常常不是睡覺，就是在哭……她總是沉默著，不跟我說話。所以當雷出現，而且他想時時刻刻都陪著我，把我當作他的全世界……他彌補了父母親在我心底的匱乏，他給了我夢寐以求的愛。

關於凱倫的「有毒的父母」，我一點都不驚訝。大多數的共伴執迷者與執迷者都有一段陰影滿布的童年。我用「有毒的父母」來指代那些在情感或身體上虐待或是忽視孩子的父母，他們的行為嚴重損害了孩子的心理發育。儘管凱倫的父母並沒有公然虐待她，但是沒有給她應得的情感關注和愛，以至於凱倫成年後缺少健康、平衡的感情世界。

凱倫成年之後，從別的男性身上需索愛與安全感，不幸的是，她沒有得到正面引導，也沒有機會學到真正的愛是什麼滋味。她從來沒有可以模仿的健康愛情，就像許多在問題家庭長大的孩子一樣，她嫁給一個沒有愛的男人，背叛她、拋棄她，重蹈母親的覆轍，那是她所能見到唯一的家庭模式。

失敗的婚姻嚴重傷害了凱倫，再一次地，一個男人讓她感到自己不被愛，也不值得被愛。很久之前形成的負面自我形象是她的沉重負擔，失敗的婚姻如同雪上加霜，所以她對愛的渴望更加強烈了。

隨後，她遇到雷。有生以來第一次，有個男人把她當作宇宙的中心。她抓住這份感情，就像溺水的人抓住救命稻草——一旦放開雷的手，她就活不了。

**凱倫：**我害怕回到過去，害怕曾經的空虛再度抓住我，那麼澈底的空虛啊！經歷過雷那樣熱烈的愛情之後……我再也回不去了。

凱倫的言談中，恐懼溢於言表。她把自己與雷的感情看作二分的存在——不是得忍受他紛亂的情緒，就是再度墜入可怕的過去。這是多麼艱難的抉擇。

## 以愛之名的嫉妒

從兩人戀愛開始，雷就表現出強烈的嫉妒心，無休止的猜忌和指責讓凱倫感到窒息，但是她都默默地忍受了。就像許多共伴執迷者一樣（大部分執迷者也是如此），她把嫉妒解釋為某種愛的表達。

**凱倫**：要是我把上衣的第一個釦子解開，他就會很生氣，說我露得太多。如果我穿開衩的裙子，他就說能看入我的裙底，望見底褲。我覺得他想讓我像波斯女人那樣從頭到腳包起來，這樣誰都看不到我的臉。他想要我完全屬於他……我所有的一切。這已經超出了我所能給他的。我恨他這樣，可是又需要他這樣。當他醋勁大發時，我能感受到自己對他有多重要，他是多麼的愛我，多害怕失去我……這讓我感到很開心，同時卻又很抓狂。

凱倫意識到當雷指責她的穿著時，其實更是在表達自己的感受。雷真正的意思是，他對凱倫的魅力感到恐懼，害怕自己被取代，所以凱倫將他與日俱增的嫉妒視為對她的在乎。如果不是在乎她，他怎麼會如此沮喪呢？

雷和凱倫一樣，也將這份嫉妒心浪漫化了。

**雷**：當我們爭吵時，我從來聽不到自己需要的回答，而她的回答無法消除我的疑心，所以我更急著打探，我知道我說的話很過分……結果越演越烈，但她還是沒能給我足夠的安全感，我就開始阻止她出門，拉扯她的手臂或擋在門口不讓她出去。我知道這種做法很粗暴、很瘋狂，但那是因為我真的很愛她。

沉重的嫉妒心根本就與愛情無關。反覆地詢問、指責和猜疑，是戀人內心缺少安全感和情緒化的反應。過分的嫉妒心破壞了戀人之間的信任及親密。而缺少信任與親密，真愛無以容身。

## 共伴執迷者的兩難

當凱倫想要退出和雷的關係，重新找回自己的獨立靈魂時，雷便更加施壓。結果，凱倫的疏遠並沒有帶來想像中的自由空間，她開始左右為難，既想要留下來，又想要離開。她被自己的猶疑限制住了，就像雷因為內心的需要而限制她一樣。當斷不斷，反受其亂，凱倫沒能理清紛亂的思緒，反而陷入進退兩難的泥淖。

**凱倫**：我的感覺已經麻木了。我想要分手，但是又不願意分手。以前和他分開過，但是都沒有用，他知道只要他用力追求，有一天，我一定會回到他身邊。而且我也知道自己其實想回來，因為我會想念他……心裡那個空洞向著我敞開，我不知道該做什麼，所以乾脆什麼都不做，就像個傻瓜隨波逐流。

所有的共伴執迷者都會如此，凱倫的猶豫和掙扎已經不只是情感上的矛盾。這種掙扎讓人止步不前、萎靡不振與心慌意亂，使得他們在離開的恐懼和留下的痛苦之間，左右為難。

他們通常有兩種方式來回應這種進退兩難的處境：強行按捺自己的猶豫與掙扎，忍受著難以想像的內心煎熬；或是選擇爆發，反覆地起身為自己爭取，然後又每次都妥協。今日凱倫拒絕了雷的無理要求，明日她又讓步。這個星期她和雷分手，下個星期又讓他回來。

在猶豫不決中，大部分共伴執迷者都處於迷惘不已的狀態，再也不清楚自己的真實感覺，也不知道自己真正想要的是什麼，因而無法做出對感情最基本的判斷。他們失去了對自己那份直覺和感知的信任，以至於更加難以確立自己的主張。這種麻痺讓他們備感信心不足和虛弱無力，讓他們背負上沉重的羞愧和自責。

## 共伴執迷者的自責

自責是共伴執迷者內心永不枯竭的痛苦之源。除了因為無法果斷而自責，並痛恨面對戀人的無理要求時，自己表現出的軟弱，有時還會自責明知道這段感情有問題，卻仍舊無法自拔。

**凱倫**：當他對我滿嘴胡謅，橫加干涉時，我從來沒有直截了當地回擊他，從沒說過「雷，那不干你的事」或者「我不想回答你」這樣的話。我覺得很羞愧，因為自己沒能反抗他。我覺得我比他更差勁，因為我居然還留在他身邊。我和他一樣討厭，因為是我自己決定留下來的。

儘管凱倫已經洞察到問題的根源，但她未能做出絲毫改變，相反地，她墮入了一個可悲的循環，不斷地妥協，不停地自責。然而——

- 她越是自責，越是失去信心。
- 她越是沒有信心，越感到無力。
- 她越是感到無力，就越發被動。
- 她越是被動，就越是容忍雷的無理行為。
- 她越是容忍雷的無理行為，就越是自責。

少許自責是有正面意義的，能夠鼓舞我們努力做出改變，過得更好。但是一旦自責變成生活的主調，就像凱倫一樣，那就具有破壞性，消磨了共伴執迷者的自信和自主感受。

## 共伴執迷者的罪惡感

共伴執迷者永遠都不可能滿足執迷戀人的期望和要求，這是執迷者貪得無厭的本性使然。執迷者是依靠戀人來找尋自我價值，戀人一旦給不了他們想要的，便使他們感到痛苦不堪。當執迷者因此表達痛苦和失望，共伴執迷者就會萌生深深的罪惡感，彷彿那真的是自己的責任。

**凱倫**：和雷同居一年後，我覺得自己真的需要一點獨處的時間，於是告訴他，我週末要出去一趟。雷糾纏不休，想要跟我一起，但是我堅持自己去，我只是想自己待一會兒。我去海邊拜訪親戚，和家人在一起真是很愜意，但是僅僅一個小時後，雷就趕到了！我簡直不敢相信。

**雷**：我猜剛開始她一定會生氣，但是我知道她會很高興看到我的。我是說，海邊是多麼浪漫的地方啊，沒有我怎麼行，她一個人怎麼去享受美好時光呢？而且我猜對了，她讓我留下了。

**凱倫**：他求我讓他留下來，儘管我們之前已經就我單獨外出的問題好好討論過。我非常氣憤，但是他開始哭，我覺得滿內疚的，幹麼對他發火啊。我內心的母性被激發出來了——他需要這樣，他需要那樣，而我居然這麼混蛋，就像是他愛我遠勝於我愛他，我對他實在是不公平，所以最後我答應他留下來。整個週末他反覆地告訴我，因為他來了，這個週末才這麼美好。我真是煩透了。

雷一難過，凱倫的反應就像是自己犯了罪似的，儘管她沒有任何殘忍或惡毒之處。再一次地，她犧牲自己的感受去遷就雷，度過一個鬱悶的週末。但是再鬱悶，她也都忍了，因為這樣可以減輕一點罪惡感。不幸的是，無法緩解她的氣悶。

## 醒悟的轉捩點

原本說好了「給」凱倫一個屬於她自己的週末，對於凱倫來說，雷的食言成了壓垮駱駝的最後一根稻草。當他們返家時，凱倫覺得自己付出的代價太高了，她再也無法承受。

**凱倫**：開車回家時，我一路都在焦慮。這段感情好像就是不斷地滿足他的需要，完全以他為主，但愛是相互尊重，要照顧雙方的期待啊，不能總是一個人說了算。我厭倦他的嫉妒、厭倦他的爭吵、厭倦他這個人。我累了，總是心事重重地半夜醒來。到家時，我真的生氣了。他站在那兒等我，笑嘻嘻的，而我非常、非常氣憤，他完全沒察覺，只是不停感嘆多麼美好的週末。好吧，我已經受夠了！我澈底爆發，告訴他，我希望他離開我的生活。

許多共伴執迷者從未發覺這類感情破壞性的本質，而長期迎合戀人的各種執迷索求。但也有許多人像凱倫一樣，終究意識到自己的戀情苦多於樂。決定分手時，她有一個新發現。

**凱倫**：我把雷趕出去時，他非常吃驚，但他還是走了，我也滿驚訝的。但幾個小時後，他又回來了。他敲後門，我不理會，他又繞回去敲前門，我還是不理，他再去敲窗戶，我就是不理。我簡直氣瘋了，在自己的家裡卻像個犯人似的。隨後我有了不可思議的發現，一個折磨人的發現，那就是我需要一個像雷那樣的人，我需要那種病態關係。我到底有多病態啊！我簡直不敢相信自己是多麼需要他的執迷。所以，這次我下定決心不再退縮。後來我威脅要報警，他才離開。

凱倫終於發現了他們的感情有多麼不健康，她被羞愧和自責淹沒。但是這一次，她沒有讓內疚麻痺自己，而是努力掌控自己的生活，決心為自己而爭取，所以她堅持和雷一起來尋求專業心理輔導。

共伴執迷者與執迷者之間的界線其實並不明確，因為彼此的動機和需求是相似的，區別在於雙方表現出來的程度不同。

這是一場激烈的感情拔河，一邊是壓抑，一邊是激情：共伴執迷者忍受著對方難以想像的控制欲，來換取內心渴望的愛情，他們的內心和執迷戀人一樣空虛。但是，容忍不合理的行為，實際上是無意識地鼓勵了戀人的執迷，造成所處的感情狀態越來越失序，越來越不健康——直到他們能夠拿出足夠的勇氣，下定決心，積極做出改變。

# 第六章
# 分手太難

建立一段感情需要雙方一起努力，結束一段感情也需要雙方都同意，這就是為什麼要離開執迷的戀人會那麼難。執迷者是絕對不會輕易放手的，而且他們的「目標」也猶疑不定，讓情況變得越來越複雜。

在上一章，我們介紹了一個猶豫不決的「目標」，她無法確定自己是否真要結束那段感情。在本章裡，我們會介紹幾位很明確要分手的「目標」，但是他們不知道怎麼做。

一般來說，面對失敗的感情，花一段時間下定決心要結束，然後再花些時間去結束這段關係，是很常見的步驟。就像展開一段戀情時需要一步一步地深入，結束時也需要一步一步地理清。但是面對執迷的戀人，分手的最後一步「執行決定」會變得困難重重、拖泥帶水，讓人心力交瘁。

一些幸運的「目標」很確知自己想要分手，也結束得乾脆。另有一些「目標」也想要分手，但是執迷的戀人卻不肯接受這個事實，以至於分手之路困難重重。然而還有一些「目標」，他們被自己的各種感受束縛了手腳：同情、罪惡感，以及身體的欲望。

## 都是感覺出了錯

極少有人故意要傷別人的心，但是在剪不斷、理還亂的人類感情裡，戀人之間的傷害在所難免。即使我們沒有不好的企圖，也沒有惡意的行為，在結束一段感情時，面對傷心的昔日戀人，我們還是會敏感地感受到一絲殘忍。在執迷愛戀中，執迷者呼天搶地式的悲傷會放大這種感受。

### ・「我沒辦法看她哭。」

三十五歲的艾略特是個金髮的大塊頭，留著大鬍子。他是紐約的紀錄片製作人，在一次聚會上認識麗莎。麗莎做平面設計工作，自由接案。在此之前，艾略特經常和一名叫漢娜的女子約會，但沒有正式交往。當艾略特開始跟麗莎約會時，沒有隱瞞這件事，麗莎也表示並不介意。她看起來是默許的，因為畢竟她和艾略特才剛認識不久，離海誓山盟還遠遠得很。但是很快地，艾略特發現麗莎接受他有別的情人只是假象，會用各種方式暗示其實她不能夠接受漢娜的存在。麗莎表現出越來越強烈的占有欲。

僅僅五個星期，艾略特就覺得受夠了。他發現自己不想再看見麗莎。

**艾略特**：我確實想要退出，沒有「如果」，也沒有「但是」，但是我卻太過於小心翼翼，想要盡量委婉一些，盡量不傷害她，結果根本無法放手。我真的不想再看見她了，但我不好意思直接說出來，於是輕描淡寫地表示自己需要一點空間。我沒有直接說「我們不要再見面了」，只說「以後見面會少一些」。我覺得這樣算是比較溫柔的做法，但是她就崩潰了，開始抽泣著抱怨：「我們怎麼會走到這一步呢？」「我們的感情進展得多順利啊！」「我們在一起多快樂……」我在心裡問自己：「她說的是我們嗎？聽起來怎麼都不像是我們之間啊。」但是她看起來那麼受傷，好可憐……我感到越來越自責。她是個成熟、理性的女人，這時卻成了無助啜泣的小女孩。我得做些什麼幫助她平靜下來，於是我又改口了，找了一些蹩腳的理由，什麼工作壓力太大啊、現在說這些的時機不對啊。

跟凱倫不同，艾略特明確地知道自己想要退出，不幸的是，他招架不住同情和自責的左右夾擊。他的善感動搖了這份決心，讓他無法清楚、明白地分手。

艾略特錯誤地想要「溫柔地分手」，希望把分手這種不愉快的艱難任務做得盡量人道些。儘管目的是想盡量緩和麗莎的痛苦，但從長遠來看，這種做法只會延長及加劇痛苦。

### ・「他這麼愛我，我怎能傷害他呢？」

艾略特僅僅和麗莎約會了一個月，還不是正式交往，都讓他覺得自己應該為麗莎的痛苦負責。可以想見雪莉想要結束兩年的婚姻生活，有多不忍心。

雪莉二十七歲，黑髮、碧眼，在我的牙醫診所擔任洗牙師。教堂的一場慈善義賣活動中，她遇見中學輔導員馬克，兩人都積極參與慈善活動。

剛開始約會時，馬克就叫雪莉別再與其他男性往來，這讓她心有疑慮，但是馬克強烈的追求讓她放下戒備，她答應了。隨著戀情進展，她被馬克強烈的感情打動，但後來，馬克動輒就要她做出保證，這讓她開始感到厭倦。

交往六個月後，馬克向雪莉求婚，她答應了，不過帶著一絲不安。她希望婚禮上「神聖的宣誓」能打消馬克的恐懼，但她想錯了，根本沒用。結婚剛滿一年，雪莉已經煩透了沒完沒了、莫名其妙的猜疑和指責。她確信自己和馬克的感情已經走不下去，可是無法鼓起勇氣說出口。直到第二個結婚紀念日後過了幾週，雪莉來找我做心理諮商。

**雪莉**：我都不知道自己是否真的愛過他，但他那麼愛我，我覺得這也許就是命運。上帝為我安排了這段感情，一定有祂的目的。馬克有很多地方讓我心煩。他的脾氣太可怕了，但是我既然已經答應，就應該接受他、安撫他，讓他平靜下來，所以我們結婚了。我確實試過去愛他，他卻總是為一點小事就生氣。我把這種種告訴牧師，他勸我們攜手努力，試著去挽救婚姻……但這不是我想要的。我想離開他。結束了，我要離開。只是我不知道要怎麼向他開口，他是如此的……我的意思是，我不曉得他會做出什麼事。他總是說：「我不能沒有你。沒有你，我絕對活不下去……我愛你愛到自己都害怕……你是我生命的全部……」

雪莉的婚姻從一開始就是一場錯誤。僅僅是馬克的愛，而非他們兩個人的愛，將兩人引向神聖的殿堂。而且，她低估了自己犯的錯，大多數「目標」皆如此，執迷是永遠無法被滿足的。雪莉以為結婚能給馬克足夠的安全感，讓他「平靜下來」，但事實是，任何承諾都不足以打消馬克源自執迷愛戀的嫉妒和反覆無常。雪莉的承諾一開始就是無意義的，而且一旦許下承諾，她便發現自己被套牢了，承擔起不該她擔下的責任。

馬克說出「沒有你，我就活不下去」這樣的話，清楚地告訴雪莉，他將雪莉看作自己情緒的守護者，就好像他打包了自己這輩子的快樂和幸福，交給雪莉保管。這份責任對於雪莉來說過於沉重，她很難擔負得起。她答應了馬克要守護他的快樂，一旦她不高興，她就感到自責。

她想要結束這段不愉快的婚姻，但是難以下定決心，一方面出於信仰，她認為婚姻是神聖的，另一方面是因為羞於面對「自己跟不喜歡的人結婚」這個事實。她發現自己被牢牢地困在同情心和罪惡感之中。這種糟糕的感受，同樣困住過艾略特。

**雪莉**：他跟我說：「你簡直完美，你身上沒有一個地方是我不愛的。」而我只想放聲大叫！沒有他在身邊，我就不能去市場；沒有他在身邊，我不能整理花園；我寫個信都得讓他看過；我再也無法去探望任何一位朋友，因為我的朋友全都不喜歡他，而且不管我走到哪裡，他都要跟著。他是那麼的愛我……可是情況越來越糟糕。我一直把自己看作一個奉獻者、給予者，我是說，從學會走路開始，我就常常去教堂，然而現在，這個男人沒有別的要求，他只想每分每秒都愛慕著我，我卻在傷害他。我這算是哪門子的基督徒呢？難道不應該像接受饋贈一樣去付出嗎？

雪莉認為，如果她將真實感受告訴馬克，她就是個壞人——無論在她自己的價值觀裡，或是在上帝面前。她怎麼能讓一個男人承受巨大的痛苦呢？何況他只是全心全意地愛著自己。

儘管雪莉在婚姻裡痛苦不堪，但是關於善良與道德的信條，阻止她採取行動保護自己。

## 甜蜜的性愛陷阱

甜蜜的性愛是一種誘惑，阻礙「目標」下定決心分手。儘管有些執迷者並不清楚戀人對性的需求，就像他們弄不清楚對方的情感需求一樣，但還有一部分執迷者全心關注著戀人，在性方面極其熱切地回應戀人，總是極能夠滿足對方。

儘管艾略特做了一個「不言而喻」的決定，不想再見到麗莎了，但他還是渴望麗莎的身體。最初，這種渴望比他想要離開的決心還強烈，但事到如今，和麗莎的性愛讓他越來越感到罪惡，所以在分手失敗的幾個星期之後，他告訴麗莎：「我只想和你做朋友。」

**艾略特**：她告訴我，只要願意見面，我想要怎樣都行。我把見面的次數減少到每週一次，也不再跟她一起睡，但是她一直誘惑我，想把我拉回過去，用一些新的按摩技巧、情趣玩具之類的。她還拿出新買的性感內衣試穿給我看，藉口說是為別的男人買的，然後她就那樣半裸著坐在我腿上，引誘我。還有一晚，我們喝了一瓶紅酒，她幫我按摩雙腳，她簡直……那按摩的手法真的讓人欲罷不能……然後她順著我的小腿一路往上……就那麼難以置信地，我又就範了。我在心裡問自己：「我這是在幹什麼啊？」性是我唯一還願意跟她分享的事情，也是唯一讓我違背自己的事情，而且就算拒絕也沒用，她還是一天到晚不停地打電話給我。所以我想：「到底要怎樣啊！」還沒回過神來，我們就又回到了以前，一週見三次。

艾略特屈服於甜蜜的性愛誘惑，再次放棄分手。原本他可以說「不」，可以拒絕的，但是他沒有。他認為麗莎的誘惑有一種難以抗拒的魔力，而一旦麗莎認知到這一點，無論她是有意或無意，「性」就成了她用來控制艾略特的有力武器。

在性愛面前屈服並非男性所專屬，很多女性「目標」同樣也落入甜蜜的性愛陷阱。

**雪莉**：當我長大，性愛對我來說，一直就像是懸在兔子面前的胡蘿蔔，可望而不可即。我從來沒有跟其他男人睡過，所以和馬克發生關係對我來說是一件大事，不僅是上帝眼中妻子的本分——儘管這對我來說的確很重要，我也確實很享受和馬克的性愛，現在也是。離開他，就失去了和他在一起的歡愉，想到這個也讓我很難受。我覺得很難再找到這樣一個男人，特別是我不贊成婚前性行為。

雪莉對性愛既嚮往，又害怕。宗教信仰讓她拒絕婚外性行為，其實不敢越雷池者大有人在，又何止嚴格的信徒。有許多單身者一想到約會就畏懼，或是害怕各種傳染病，比如愛滋病。這些恐懼足以使許多「目標」卻步，無論男女，讓他們難以下決心離開執迷關係。

## 模稜兩可的雙重訊息

當「目標」決定要分手卻做不到時，便開始變得不坦誠，說著言不由衷的話，做著表裡不一的事。他們發出一些模稜兩可的信號，這樣的做法無異於煽風點火，只會加劇對方的執迷行為。

許多人以為我們主要是透過語言來表達內心的感受，事實並非如此。心理學研究發現，高達百分之七十五的交流是非語言的，肢體語言、行為、態度所含的訊息遠多於語言。當我們矛盾掙扎，或者試圖掩飾內心的感受時，我們常常言行不一，給了模稜兩可的雙重訊息。

## 說一套，做一套

儘管疑慮重重，艾略特還是與麗莎維繫著性關係，同時也繼續跟漢娜約會，這讓麗莎越來越惱火。一天晚上，麗莎終於爆發了，但這次艾略特沒有妥協。他很生氣地告訴麗莎這招對他已經沒用了，他們完了，他再也不想見面。隨後他甩門而出，留下麗莎獨自傷心落淚。

麗莎有兩個星期沒出現了，艾略特以為一切總算過去，誰知麗莎又出現在他家。

**艾略特**：我打開門，是她，一臉嫵媚的笑，好像什麼都沒發生過似的。她穿著一件精緻的大衣，踩著性感的細高跟鞋，記得那時我還在想，她為什麼穿成這樣。接著她解開大衣，裡面居然什麼都沒穿。我第一個反應就是：「喔！不要又來了！」我不想害她難過，叫她回家，但這樣實在不明智，我的聲音完全不對勁，說的不知是哪一國話。她直直走進來，我一直在想：「千萬不要成了傻瓜！她是個瘋狂的女人！你要回到起點，前功盡棄嗎?!」但是她看起來如此美麗，又如此性感……試想一下，如果有個女人裸身站在你的門前，是不是就像美夢成真？我嘴上一直在說「不，不，不要」，但是被自己的嗓音出賣了，我一點抵抗力也沒有。她抓住了我的弱點，就像在說：「小子，你逃不了的！」

艾略特給麗莎一個典型的雙重訊息。他表面說的是「我不想跟你在一起了」，但他的非語言訊息卻完全相反：「我是多麼迫切地想和你上床」。省省吧，他根本就毫無招架之力。麗莎敞開大衣，向艾略特敞開的不僅是身體的誘惑，還有情感的渴求。艾略特如此艱難地掙扎著，因為他無法打敗自己的欲望，也不忍心羞辱她，特別是她已經非常脆弱了。欲望推著艾略特往南走，理智卻拉他往北走，這種撕扯讓他非常痛苦，他甚至給不了麗莎一個明確的感情信號。相反地，麗莎得到的訊息是只要自己不斷爭取，艾略特的心中仍然為她留有一席之地。毫無疑問，麗莎是不會放棄的——艾略特再一次讓麗莎走進他的屋子，也走進他的生活。

## 即將揭露的真相

聽艾略特提出要結束戀情，麗莎並未當真，但是至少他開了口。可是，雪莉卻做不到，她無法跟馬克開口，相反地，她說的話背叛了她的心。

**雪莉**：老實說，我真的不願再跟他過下去，我想我真是犯了大錯，覺得自己很差勁。但我怎麼都說不出口，這也是我來到這裡的原因。然而再怎麼掩飾，也做不到滴水不漏，你知道的……比如說，我們一起去教堂，他總是緊貼著我，一會兒撫摸我的頭髮，一會兒摟著我的肩膀或牽我的手，他這樣讓我感覺自己的幽閉恐懼症都要發作了，好像我快被他的熱情淹沒。我扭開肩膀不讓他摟，或者收起手不讓他牽，然後他就問：「你沒事吧？」我回答：「還好，我沒事。」但他還是不放心，接下來一整天都小心翼翼地圍著我轉，希望能讓我「感覺好一點」。而我只想對著他大喊：「讓我喘口氣吧！」

雪莉推開馬克的手時，沒有直說「我不想讓你碰我」，而是用行動表達出自己的感受。從馬克關切的詢問可以看出，其實他很清楚地接收到了雪莉的肢體語言，儘管她不願意直說，馬克還是感覺到雪莉開始疏遠他。但是雪莉寬慰的話使他堅信，他可以做點什麼暖熱雪莉的心，於是他就更黏人、更關切，也更加刺激雪莉的忍耐力。

當「目標」想要結束一段感情時，是沒有辦法隱藏內心祕密的，一舉一動都會出賣自己的內心。而且一旦執迷戀人感受到「目標」的疏遠，他們無一例外地會變得更加執迷，分手也就更困難了。

「目標」在想要分手時，表現得支支吾吾很常見，不過他們總會為自己的遲疑付出情感代價。我們已經看到，當「目標」說一套、做一套時，自己不但感覺也不好受，相反地，還會感到無力、焦慮，還有虛偽，這些感受會加深罪惡感，讓人更難當機立斷。

如果你是執迷者的「目標」，而且你已經決定要分手，那麼**請你注意：模稜兩可的表達，只會讓你們的關係剪不斷、理還亂，造成更多難題**，到最後，你只是延長了自己的痛苦，傷害終究不可避免。

許多「目標」並未意識到自己實際上也是這段失敗感情的維繫者，因為他們的眼睛一直盯著對方，觀察戀人現在做什麼、將來會怎麼反應等等。並不是說只要你直截了當地提出分手，對方就會乖乖地打包走人。我的意思是，阻礙你們分手的不只是你的執迷戀人。除非你能夠處理好自己內心的糾結及猶豫，修正矛盾的行為，否則無法堅定、有效地結束戀情。而且只有態度斬釘截鐵，才有可能讓對方離開。

## 態度要斬釘截鐵

一般來說，斬釘截鐵指的是坦白、誠實、直截了當地表達想法和需求，不左右為難。但是把這個詞用到一段執迷的戀情裡，不免有點諷刺。態度斬釘截鐵的「目標」，不單表現在言語上，還要展現行動，說得明白，也做得乾脆。

與執迷的戀人分手，說到底是一場力量的對決。「目標」想要離開，執迷的戀人想要繼續。「目標」若想要贏得這場戰役，必須劃出自己的防衛線，也就是必須明白什麼是自己想要的，而且要斬釘截鐵、態度堅定地表達出來。

## ・「沒有人教過我要這樣做。」

雪莉明白自己應該斬釘截鐵，但是不曉得該如何開口，從小接受的教育不允許她那麼做。

**雪莉**：每天我都在想，一定要鼓起勇氣告訴馬克我的真實想法，但是一看到他進來，我的手心就冒汗，內心開始動搖，就是說不出口。從小接受的教育讓我無法拒絕別人，如果不喜歡就得忍著。從小到大我都是如此，我對馬克也是這樣，我知道這樣很傻……我是說，我有自己的工作，我相信女人應該獨立，這些道理我都明白……可是落實到自己的真實感受，我明白自己想要什麼，然而我的內心還是個小女孩，從來不知道怎麼為自己爭取。

雪莉成長在一個相對而言還算正常的家庭，父母很愛她，但是就像許多父母一樣，認為孩子乖乖聽話就可以，不用有自己的想法。他們不允許雪莉頂嘴，當她不開心，就得回自己房間待著，直到小臉「重新掛上笑容」。她一直以來被灌輸的教育就是如果沒有好話可說，那就什麼也別說。

雪莉的母親（同時也是她模仿的對象）也秉持著這種教條，在孩子們面前好像從來都沒有不開心的時候。雪莉從未看過父母爭吵，導致她以為家庭衝突是極不正常的事情，應該全力避免。她不知道，不同意見的交流是人與人關係中正常的一部分，也是解決衝突之必須。

身為成年人，當雪莉想要向馬克表達內心的不舒服，卻毫無經驗可循。她知道要是把真實想法說出來，必然會惹得馬克難過，與其引發爭吵，不如把內心隱藏起來還比較好受一點。一直以來，她都是這樣避免衝突的。一想到要表達反對意見，她就焦慮不安。若要提分手，她就得一反常態地對待馬克，和我們大多數人一樣，她極其抗拒違背自己天性的事情。

無論男女，很少有人能在一個寬鬆的、鼓勵表達反對意見的家庭長大。雖然有些人努力想克服這種教條，培養有自信的溝通技巧，但許多人根本沒有嘗試過改變。一個人如果無法帶著自信交流，那麼一旦面對專橫的戀人，便很難在這段關係中站住立場，而執迷戀人大多都比較專橫。

我並不認為雪莉需要加強心理治療來解決感情問題，她倒是應該學著直截了當地表達想法，避免模稜兩可。我建議她參加一些短期危機處理課程，包括自信訓練。過了幾個月，雪莉終於準備好了，她誠實而堅定地告訴馬克，她要離婚。馬克非常悲傷，試圖說服雪莉回心轉意，淚流滿面地懇求，但她始終堅持離婚，馬克終於接受了。

然而，大多數的執迷戀人可不像馬克這麼好說話。

## 斬釘截鐵地表達決定

如果你沒能像雪莉那樣成功地勸退執迷的戀人，那麼你最好斬釘截鐵地表達決定，讓對方認真地看待你的決定。

儘管你的話可能會很不中聽，但是當你想要與一個不願傾聽的人溝通，實際上沒有迂迴和緩衝的餘地。關鍵是，你的表達不能再把你拉回被動姿態，你必須要保持主動：

‧我們結束了，這沒什麼好商量的，我不想再討論了。
‧我要掛電話了，你要是再打電話來，我就直接掛了。
‧我想要你馬上離開，你不要再回來了。就算你回來，我也不讓你進來。
‧別打電話、別寫信、別讓我看見你。我不想跟你再有任何聯繫了。
‧你要是再騷擾我，那我就別無選擇，我們法庭上見。

記住，執迷者相信他們瞭解你甚於你瞭解自己，所以如果你試圖去解釋自己的立場，那就完了，你不可能解決任何問題。相反地，你只需清晰、明確地說出你想要的，以及如果對方不願意，你將怎麼做。解釋或許能讓你感覺自己不那麼殘忍，但往往會讓情況變得更棘手。過多的解釋給了執迷戀人一絲希望，以為跟你還有商量的餘地。只要你還願意說話，執迷者是不會放棄爭取的。

## ・「從來沒想到我居然會這麼殘忍。」

直截了當地說出你的決定，會對執迷戀人產生巨大的衝擊，如果你想結束戀情，這是第一步要做的。然而，儘管你說得已經夠清楚、明白、嚴肅而堅定，許多執迷者還是充耳不聞，實在讓人無言。

**艾略特**：第一次試著跟麗莎分手時，我說：「我覺得我們沒必要再見面了。」但後來我又跟她上床。顯然，我錯了，所以我告訴她：「我們不要再上床了。我們還是朋友，但只是朋友。」這麼說還是不夠，所以我的話變成了：「你確實很好，但我們不適合。跟你有任何聯繫都讓我覺得煩擾，連當朋友也不合適。」當這樣還起不了作用，我只好更加斬釘截鐵地說：「我不想再見到你，也不想接你的電話。我不想跟你有任何關係了。」連這樣子都不行，最後我只好一接起電話聽到是她就立刻掛斷，一看是她就直接甩上門。

艾略特艱難地學會用生硬、冰冷的方法對待麗莎。他原本想要盡量溫和地結束關係，這份好心和幫助卻讓麗莎誤解，以為他還在乎她。不管他講什麼，麗莎根本聽不進去，只是一心在尋找突破口。她不願意接受事實，艾略特別無選擇，只能選擇用自己痛恨的方式對待她。

**艾略特**：我一直認為自己是非常敏感、誠實的人，但是她揭開了我內心的陰暗面，我是說，她逼我像個混蛋。我相信與人交流才能解決問題，從來沒有掛斷過任何人的電話，這讓我覺得自己實在很差勁。

艾略特感到非常自責，他的行為顛覆了他對自己的認識。他沒有感覺到自信，反而覺得自己很殘忍。但是麗莎把他逼到無路可退，最後停留在一段無法忍受的關係中，他唯一的選擇只有「殘忍」。

### ‧「我想，一切真的結束了。」

讓艾略特感到寬慰的是，他和麗莎的關係最終似乎結束了，他已經至少兩個月沒有她的消息。但是麗莎又打電話來了。

**艾略特**：她說她做了心理治療，現在她知道了，自己是把與父母之間的衝突轉嫁到我身上。她想見見我，就只吃頓午餐，她只是想和我盡釋前嫌。她說她不想讓別人以為她是瘋子。聽起來她真的變了，似乎理智多了，畢竟我們結束得十分尷尬……而且只是一頓午餐，如果能幫助我們消除不愉快，有什麼理由拒絕呢？

很多情況下，我們大多會說：「為什麼不呢？」一笑泯恩仇的想法確實誘人，而且艾略特有足夠的理由相信麗莎已經接受了分手的事實，畢竟都兩個月了，麗莎沒有再打攪他，而且她在心理輔導中學到的道理聽起來有模有樣。再說她只是要求吃頓午餐，能有多嚴重？

**艾略特**：看見她的那一刻，我就知道我錯了。她穿得相當暴露，而且一見面就給我一個大大的擁抱，說是「為了曾經的感情」。我們幾乎無法點餐，她一直試圖約我下次見面，拿出各種理由，比如她參加了一個中國菜烹飪班，問我願不願意試吃，幫她完成作業；還有一位我們共同的朋友要結婚了，問我能不能讓她搭便車去參加婚禮，她自己開車去那裡總是迷路。我一直說「不」，直到最後，她終於直截了當地問我為什麼要拒絕她，她並沒有別的企圖。我告訴她，我只是不相信她。她表現得很冷靜，娓娓道來，說這兩個月來她有什麼改變，在她人生中十分困難的時期，我這麼評論她，對她太不公平。當她說了這些，我內心又開始自責，又開始動搖了。但最後我還是拒絕了，我知道她會得寸進尺。

艾略特答應與麗莎共進午餐，實際上是給了她一絲希望。但即使只有微光，執迷者也能讓它大放光明。艾略特應該知道麗莎沒那麼輕易放棄。一頓「沒什麼大不了」的午餐很快就變成另一場誘惑，但這一次，麗莎用的不是性感，而是感性。她知道艾略特害怕她的反覆無常和情緒化，於是她克制自己的那一部分性格，對艾略特動之以情，曉之以理。她表現得好像自己改變很多，但是艾略特意識到了，她所謂的改變只是表象，本質還是以前的她。

執迷者總是將一點點友誼、甚至是對方的好奇心，理解成對方還在糾結，或許能爭取回來。有些時候，是可以與前任保持一點友誼關係，但是因為實在無法預測執迷的前任會怎樣理解或體會你的小善意，所以還是謹慎為先。對大多數的「目標」來說，殘酷的現實是一旦你決定要脫離這段執迷的戀情，與前任發生任何形式的接觸都是危險的。

那次午餐後，艾略特再次決定要斷絕跟麗莎的一切聯繫，不管她的理由多有說服力，他只是不想再被麗莎操控了。其後兩年間，麗莎還是會每幾個月給艾略特打一次電話，每次打電話來都有巧妙的理由，甚至艾略特和漢娜結婚後，她還會打電話來。但隨著時間過去，麗莎的電話越來越少，到現在，艾略特已經有一年沒有接到她的電話了。

## 果斷地行動

有時候，斬釘截鐵的話語、甚至拋出殘忍的話，都不管用。葛蘿莉亞發現無論她怎麼說，前男友吉姆都不相信她已經不想再見面。後來，她只好果斷地行動，請保全把吉姆從她的辦公室拖走。

**葛蘿莉亞**：我聽見他在外面拍打著門喊叫，我告訴自己：「讓他見鬼去吧！我煩透了到哪裡都得看見他！這是我自己的生活！」第一次跟他說我不想再見面時，我還感到有些猶豫，但接下來六個月的「緊迫盯人」讓我澈底崩潰，我再也不要當犧牲品。我以為看著保全把他拖走，自己會有罪惡感，但是並沒有，我反倒為自己的果斷到驕傲。

葛蘿莉亞不像艾略特受罪惡感折磨，她在自己的果斷行動中，找到新的自信、力量和寬慰。很多「目標」發現，果斷行動幫助他們擺脫了受執迷戀人死纏爛打時的無助感。儘管果斷行動能夠帶來情緒上的滿足感，但並不容易，往往會對「目標」的生活造成諸多不便。以下是一些果斷行動的例子：

- 不接對方的電話，或者乾脆換電話號碼。
- 把信原封不動地還給對方。
- 把禮物原封不動地退回去。
- 告訴你們共同的朋友，不要請你和你的前任參加同一場聚會。
- 如果你的前任不請自來，不要開門。
- 打電話叫保全或警察。
- 聲請保護令。

你不需要專業人士來指導你的行為，只需要有足夠的決心說到做到。一開始一定很艱難，但是如果執迷戀人拒絕停止對你的追求，我向你保證，多加練習之後，你的果斷行動會變得容易一些。而且在你堅定、明確的行動面前，絕大多數執迷者遲早會放棄。

我知道你們之中有些人在不得不果斷行動時，會感到非常內疚，但是在這種情況下，感到內疚並不是因為你做錯了什麼，相反地，是因為你在做以前從來沒有做過的事情。為了澈底擺脫執迷的戀人，重新掌握自己的生活，必須忍受這種內疚。罪惡感終究會慢慢離開你的，但是如果沒有果斷行動，恐怕執迷戀人不會離開你。

## 高昂的代價

有時候，想要果斷地掙脫執迷戀情，需要克服的不僅是感情因素，還要考慮現實。有些執迷者利用職權向「目標」求愛。無論是牧師對會眾、心理師對實習生、醫師對總機或大學教授對學生，執迷者身處的權力地位，使得「目標」難以掙脫。

朗達是南加州一所大學的文學系副教授，美麗的深褐色秀髮很有特色，超大的玳瑁眼鏡讓她看起來聰明又古靈精怪。一次演講後，朗達找到我，交談中，我提到自己正在寫這本書，她跟我講了她的故事。

朗達當時正在爭取系上的終身教授職，是由具有權威的系主任所推薦，而這位決定性的人物叫琳恩，年紀稍長。在學術圈，終身教職往往關乎生計，沒有這個位置，就談不上職業保障。朗達四十歲了，她也該為自己的生活爭取一點保障，事實上，她已經為這個終身教職奮鬥了五年。

一年前，朗達和維持了很長時間戀情的女友分手，琳恩很關心、照顧她，撫慰她的痛苦。朗達很清楚琳恩喜歡她，但是她那時候對琳恩不感興趣。後來隨著相互瞭解的深入，她發現琳恩有智慧、善感而溫暖，顯得越來越有魅力，琳恩也花了很長時間去發展兩人的感情。最後她們上床了，朗達才被「俘獲」。

**朗達**：我知道和她糾纏是危險的，她掌握著我的前途，但是她跟我保證，她會把私人感情和工作區分開。我知道事情沒這麼簡單，但她告訴我，我真的是個天才，很有天分，是她見過最有才華的同事，所以我覺得反正我的工作是沒問題的。而且那時候，我真的需要有個人陪伴……她是那麼支持我，點子又多，那麼會生活，而且那麼充滿愛意。她就像一塊磁鐵吸引著我，我被她迷住了。

朗達堅信自己是被琳恩的個人特質所吸引，但就如季辛吉所說：「權力是最好的春藥。」毫無疑問，朗達掉進了權力的陷阱。

朗達知道，因為力量不對等，她們之間的關係是有問題的，但如果不是琳恩開始暴露她的執迷性格，朗達還意識不到問題如此嚴重。當兩人發展到有了親密關係，琳恩開始出現各種嫉妒幻想，控制欲也越來越強。朗達去舊金山參加為期兩週的研討會時，琳恩飛去看她三次，而且一天打四、五通電話給她，問她有沒有和別人上床。當朗達返回後，琳恩開始帶著她去見朋友，好像她們已經準備結婚似的。

**朗達**：我覺得自己像她的私有物。我必須結束這段關係，但很難做到，她絕對會發瘋的，而且我大概也得跟終身教職說再見了，五年的努力毀於一旦。她真的是把我套牢了。

朗達陷入進退兩難的困境。在以往的感情中，她習慣了清楚明快地表達感受，但是如果以這種方式對待琳恩，那就是拿自己的職業生涯冒險。換個角度看，若為了工作而繼續留在這種關係中，那就是出賣自己的感情。

**朗達**：隨後有一次，我們和她妹妹共進晚餐，琳恩在餐桌上大談對將來的打算，而這些計畫我一無所知……我怎麼就成了那個要與她共度餘生的人？我意識到不能再這麼下去，這樣對她不公平，對我也不公平，不管會付出什麼樣的事業代價，我都要退出。當晚回到我家之後，我跟她說了。

朗達提出分手，讓琳恩深深受傷。她很生氣，就像朗達害怕的那樣，她把氣出在工作上。

**朗達**：三天後，我們系上開會，她駁回了我想要修改輔修課程的提案，而且我認為一些非常好的觀點，她出奇地挑剔，在全系同事面前狠狠地羞辱我。我什麼都沒說，只希望她能快點走出來，但是她似乎走不出心魔。接下來的兩個星期，她不放過任何抨擊我的機會。看起來很明顯，她將是我通往終身教職之路的障礙，所以我決定奮起反抗。我控訴她公報私仇，把個人感情凌駕於工作之上，而且警告她若是再為難我，我就告她性騷擾，才總算讓她有所收斂。但是我們之間的關係依然很緊張，我的工作很難推展，有時候我們還會發生衝突，不過看起來，隔年我還是會得到終身教職。

朗達可以選擇換個工作來逃離執迷的上司，不少「目標」這樣做過，但是這個選擇常常很難做到，也可以說是不切實際。對於朗達來說，重新爭取另一份終身教職是非常困難的，而且就算爭取得到，也得再等五年。所以她寧願冒著職業風險，選擇果斷地拒絕琳恩，這也是她在艱難處境中的最佳選擇。退一步來講，雖然工作環境還是經常處於緊張和不愉快之中，但是對於朗達來說，這是兩害相權取其輕。

與上司談戀愛常有風險，若身為上司的戀人恰好又是執迷者，那更是如此。因為一旦你提出分手，執迷者可能會有懲罰或報復傾向。執意分手而絲毫不考慮工作，是很難做到的。

## 終極的情緒勒索

當「目標」想要退出時，執迷者在絕望之下以死相逼的情況也不少見（就像我們在第二章提到的「安妮」）。執迷者宣稱沒有對方，自己就活不下去，帶給戀人巨大的心理壓力，因而不願再繼續下去。葛蘿莉亞第一次向吉姆提出分手時，就是這種情況。

**葛蘿莉亞**：跟他交往了一個月，我就認為我們不合適，但我又忍了兩個月才終於付諸行動。當我跟他說我準備離開他時，他哭著說他要去跳崖，沒有我，他就活不下去了。我是說，他這麼講實在太誇張了，但他極其喜怒無常……我真的有點擔心他會尋短，所以我安慰他，說可以給他一次機會，前提是他要改一改自己的控制欲，別再這麼黏人。他滿口答應，發誓一定改……當然，他一點也改不了。

擔心是情理之中的事，如果吉姆真的想不開去尋短，葛蘿莉亞一定會有罪惡感，她只好向吉姆的情緒勒索屈服，答應不離開他。這次要脅得逞了，可以確定的是，下回葛蘿莉亞想要分手時，他還會來這一套。

**葛蘿莉亞**：經過兩週的煎熬，我已經到了極限，所以我決定必須強硬地結束這段關係，並祈禱他別真的做出不可挽回的傻事。我懇求他去找專業的心理輔導，但他根本不聽。他後來打電話總是說要自殺，但從沒見他真的嘗試過。

吉姆揚言要自殺，到底是認真的，還是說說而已，葛蘿莉亞無從知曉，誰也不知道會怎樣。有些人以死相逼，但從沒打算過真的去死；然而，確實有些人說要自殺就真的執行了。重要的是：說到底，**自殺終究是個人選擇**。

如果你像葛蘿莉亞一樣，想和執迷的戀人分手，而對方以自殺要脅，你必須重視他的反應，但並不表示你要承擔起保障對方生命安全的責任。最有建設性的做法是鼓勵對方尋求專業的心理協助。如果有家人或朋友同情你的執迷戀人，那麼你可以將對方以死相逼的情況告訴他們，同時聲明你決心要分手，不會改變主意，並且對方的生命應該由對方自己負責。

我知道這也許讓你很難接受，但如果你的執迷戀人因為你決定離開（這無疑是非常明智的決定）而做出不理智的行為，你沒有道德義務因而犧牲自己的幸福。

離開執迷的戀人，是一段讓你感覺非常痛苦、凌亂、憂心忡忡的過程。一旦你決心結束戀情，就要做好準備去面對巨大的障礙，這些障礙有一部分來自於你的執迷戀人，也有一部分來自於你自己。如果你的決心已定，分手或許不容易，卻可能是最理想的選擇。

## 第七章

# 當執迷演變成暴力

本章涉及的內容很灰暗：由於分手，執迷發展成暴力，「目標」的生活受到嚴重干擾。這一章我寫得很艱難，因為我知道這些故事會讓讀者們感到多麼震驚，我最不想做的事就是讓想要進入新戀情的人嚇得躊躇不前，或是讓想要結束一段失敗感情的人進退兩難。但是，從這些悲慘的錯誤中吸取教訓是非常有必要的。

在執迷戀情中，很多「目標」遭遇過暴力行為，這是無法迴避的醜惡現實。我們聽過許多名人也成了執迷愛戀暴力的受害者，比如女演員遭男友殺害、丈夫槍殺明星妻子後自殺、名醫遭女友槍殺等。但是，這種暴力行為並不僅限於富人和名人。執迷者傷害、甚至謀殺前任的新聞，在媒體上隨處可見。

如果你計畫要結束、或是已經結束了一段執迷的關係，那麼**有很重要的一點需要注意：不要低估分手帶給執迷者的強烈憤怒。**如果你是（或者擔心有可能是）有暴力傾向執迷者的「目標」，你可以運用**好幾種方法**來保護自己。這些方法並不能保證萬無一失，但是好好做準備，能夠大大減少自己遭暴力傷害的機率，或者至少能保護自己不致再度成為暴力行為的受害者。

## 蓄意破壞：暴力行為的前奏？

五十七歲的瓦特藍眼、禿頭、肩膀寬厚。他是技師，經營一家小型修車廠，儘管不想，但我的車子總帶我上門光顧。幸運的是，瓦特是個很和善的人，也很健談，我們每次見面都比想像的更愉快。我和瓦特認識多年了，所以當他知道我在寫這本書時，很樂意與我分享自己的一段痛苦經歷。

瓦特的第一任妻子在抗癌多年後，撒手人寰。很長一段時間，他沉浸在喪妻之慟中走不出來，幸好他有許多好朋友，還有兩個很關心他的兒子、三個可愛的孫子，大家陪伴他、幫助他。大約兩年後，在家人不斷催促下，瓦特開始約會，幾個月後認識了娜恩。

娜恩四十八歲。認識瓦特時，她是咖啡館的服務生。兩人一見鍾情，當晚瓦特就約娜恩出去喝一杯，同一個星期，他們又約會了兩次。四次約會之後，他們上床了。自從妻子去世，娜恩是瓦特第一個願意親近的女人。

娜恩是個激情洋溢的情人，跟她在一起的時候，瓦特感受到多年未有的刺激和活力。但是，娜恩的需索開始越來越多，控制欲也越來越強。四、五個月的交往後，她開始催著瓦特結婚，瓦特表示自己還沒準備好，娜恩卻催得更緊。最後瓦特告訴她，自己想要分手。

娜恩不相信瓦特是認真的，開始一天到晚打電話到瓦特的修車廠和他家，寫信給他，希望他能回心轉意。瓦特仍堅持要分手，娜恩便開始歇斯底里。有一次，她在瓦特家的廚房用咖啡杯砸他。還有一次，她用扳手砸碎修車廠的窗戶。瓦特越來越煩惱，儘管他的拒絕夠堅定，娜恩還是不肯罷休，這讓他很挫敗，但他實在沒別的辦法，只能寄望著她鬧夠了就會放手。

和娜恩分手一個月後，瓦特邂逅了貝蒂，她是一名保險代理人。他們開始約會，很快便墜入愛河。

**瓦特**：後來我和貝蒂訂婚了，我想，這應該能讓娜恩澈底放棄了。當娜恩又來到修車廠時，我告訴了她，她立刻變得面若冰霜，甩門而出。記得她在離開前喃喃說著：「我會讓你記得我的。」我以為事情到此為止了，於是繼續去工作。

像很多執迷者的「目標」一樣，瓦特說出自己訂婚的事情時，被娜恩表現出來的平靜誤導，原以為她會發怒，但當時她並沒有多大反應，瓦特以為自己重獲自由了。然而，我們在這本書裡也看到了，執迷的怒火很難抑制，有可能遷怒於第三方，也有可能反傷害執迷者自己。一般更常見的是衝著「目標」發洩怒火，讓執迷升級為暴力。

娜恩給了瓦特一個相當明顯的暗示，她遠不只瓦特所見那樣平靜。但這並未引起他的警覺。如果有足夠的警戒，當娜恩說「我會讓你記得我的」時，瓦特就應該意識到這是威脅。

### ・「我從來沒想到她會做出這種事。」

那晚，當瓦特回到家時，發現前門是開著的，他先是想到家裡遭小偷，但是走進屋內，他聞到燒焦味。

**瓦特**：我的腎上腺素飆升，走進臥室，看到衣服被扔得滿地都是，就像是龍捲風掃過，夾克、襪子、襯衫，亂七八糟的到處都是……倒是沒有大件的，沒有外套、內褲，也沒有西裝，你明白了吧？我順著焦味到浴室，原來其他的衣服都在這裡……化作灰燼。她把衣櫥裡的衣服全都丟進浴缸，一把火燒了。整個浴室都被燻黑，牆上的漆也都燒毀了。我報了警，但無法證明是她做的，所以警察也奈何不了她。但我知道一定是她，因為門是開著的，而除了我之外，只有她還有鑰匙。我知道沒換鎖太傻了，但我從來沒想到她會做出這種事。

與許多執迷戀人的「目標」類似——尤其是男性「目標」，瓦特對自身的安全太過有自信，畢竟他比娜恩高大得多，也強壯得多，「會被娜恩傷害」的想法從未在腦中閃現過。但是瓦特知道娜恩有暴力傾向，因為她發怒時會摔東西。而且他知道娜恩可以很容易便進入他家，因為在約會期間，他曾給過娜恩一把鑰匙。換鎖這樣一個簡單的防備措施，就很可能阻止娜恩做出這樣的舉動。換句話說，有時候即便是一個非常小的障礙，就能夠挫敗執迷者的一時衝動。

**瓦特：**真是走運，她沒有燒了我整個房子，而且我必須要說，接下來的兩個月裡，我滿腦子都在想這件事。我是想該怎樣阻止她又回來，她會不會等我們睡著時點火？我打過韓戰，能夠保護自己，但這次我怕了，我是真的怕了，直到現在我還在害怕。我聽說她因為嗑藥過量進了醫院，但是擔心她什麼時候還會回來。現在兩年過去了，一想起來，我還是心有餘悸。

瓦特這個從來自以為天不怕地不怕的男人，如今兩年過去了，仍惴惴不安。雖然娜恩只對他的衣服施暴過，但已經生動地展示了自己暴力報復的能力，不由得令他擔心，下一次，她的暴力會不會升級成報復他或他的新婚妻子。儘管娜恩沒有再回來過，但瓦特絲毫不敢放鬆，相反地，他仍然陷於娜恩隨時可能回來的恐懼之中。當執迷者將暴怒轉化成暴力，那就很難說在多久之後還會爆發、還能做出什麼超出常理的事。即使娜恩的暴力並未再度升級，她造成的恐懼還是像一把懸在瓦特頭頂的利劍。

## 性侵害

詹妮現年二十歲，是個非常漂亮的紅髮女孩。她是我好友的女兒，我看著她長大。兩年前，她是一所常春藤盟校的新生，那時她認識了二十四歲的維克多，他是工商管理學院的研究生。詹妮對維克多沒有男女之情，不過他們都喜歡古典電影，週末常常一起去看電影，但總是和很多朋友一起。詹妮越來越發覺維克多很喜歡她，她便留意從來不單獨跟他在一起，並且透過自己的方式盡量不去吸引維克多。然而有一天晚上，維克多來到她的宿舍，向她表白。

**詹妮**：他站在大廳裡，一臉羞澀，就等著我回答我也愛他。我告訴他，他確實很好，但我不想跟他交往。他說：「別急著下結論，我們再等等看。」整件事情總覺得哪裡有些古怪，但有很多男生追求過我，也只是說說而已，所以我打算忘記這件事。可是他並沒有放過我，不管我去哪裡，他都跟著。上課時，他就守在教室外面；我去喝咖啡，他會忽然出現，然後坐到我身旁，即使我告訴他不行，所以我再也不去咖啡館了。尤其是當我跟別人一起出去時，感覺更麻煩，所以我推掉了很多約會，以免惹麻煩。有個朋友知道了這件事，勸我想想辦法，所以我去找校警，他們找到維克多，與他進行了一次長談，他保證以後不再這樣了。但是他沒有就此收手。所以我盡量待在房間裡，總比一出門就感覺有雙混蛋的眼睛在監視我來得好。

儘管沒有親密關係，維克多的執迷還是限制了詹妮的自由。詹妮發現自己陷入一種令人沮喪的被動狀態，很多執迷者的「目標」都遇到類似困境。詹妮無法透過法律途徑對抗維克多，因為對方並未對她造成公然威脅，也沒有犯法。當詹妮再度找校警申訴時，有位校警告訴她：「要是我們把所有追求女孩子的男生都抓起來，那得召集軍隊了。」

**詹妮**：一天晚上，我從圖書館出來，意識到他在尾隨我，所以我直接面對面地告訴他別跟著我。他的回答是：「我太愛你了，親親我吧，只是親親而已。」我說：「你開什麼玩笑！」然後我們開始拉扯，他強行要吻我，我費力掙脫，整個過程中他一直在說他有多愛我。接下來，他把我拉進樹叢，亮出匕首，威脅我說如果他得不到我，就要殺了我。然後他強暴了我。

強暴事件發生後，詹妮變得非常憂鬱，並且自我封閉。她休學了，搬回家裡住。她告訴父母自己想要一些時間來克服創傷，但是她拒絕提起強暴的事，也拒絕心理協助，而且拒絕提告。像很多強暴案被害人一樣，詹妮不願意上法庭，儘管她很害怕維克多再回來對她施暴。

這種狀態持續了差不多一年，詹妮的父母越來越擔心。雖然看起來她的日常生活還算正常，但是他們注意到自從出事以來，女兒改變了太多：她做著一份毫無前途的工作，不願意回學校念書，也不願意出去約會。偶爾她會見見老朋友，每當被問起心情如何，她都說還好，很快就會考慮重新開始新生活。

## ・「我厭倦了這樣消沉下去。」

自從詹妮回家後，我一直試圖說服她讓我幫忙找一位心理師，協助她走過心理創傷，但她總是拒絕。像許多暴力犯罪的被害人一樣，一旦身體的創傷恢復了，詹妮就急於忘記發生過的一切，她選擇迴避，而不願面對自己的心理創傷。

對於詹妮的遭遇，我一點忙都幫不上，並且她也拒絕接受幫忙，這讓我感到越來越挫敗。維克多一時的暴虐，帶給詹妮一年多的痛苦和折磨，使我非常憤慨。無奈總有這樣的事情發生，一條無辜的年輕生命，如此輕易就毀在暴力執迷者的衝動之下。

值得安慰的是，有一晚詹妮聯繫我，第二天我們見面，共進午餐。我很高興地發現她開始有了傾訴的欲望。

**詹妮**：我看著電視上的俗爛愛情劇，忽然發現自己在流淚。我想了好久，為什麼我不能回到正常的生活，再去談戀愛？蘇珊，我厭倦了這樣的消沉，請幫幫我。

儘管發出求助看起來很簡單，但是對詹妮來說，需要很大的勇氣和誠意。我向詹妮推薦我的同事，一位專業幫助性侵被害人的心理師。經過心理治療，詹妮開始變得強大起來，她決定重新向維克多提告。

這件案子被擱置了一年才提告，很難取證，而且她不得不去另一州作證，然而這些困難對她來說根本不重要，她需要邁出這樣堅定的一步來證明自己。就算這件案子一直無法送交審判，但詹妮知道自己做出了堅決的反擊，這一點比任何陪審團的判決更有助於她找回自信。

## 奮起反擊

一提到強暴案，人們自然會想到是陌生人作案，然而，婦女遭熟人性侵的比例高得驚人。任何強暴案對被害人來說都是一種痛苦，但如果施暴者是被害人認識、喜歡過，甚至愛過的人，那麼被害人恐怕很難克服心理障礙去控告對方。若施暴者是丈夫或男友，那麼在面臨「你也沒拒絕」的暗示時，被害人不容易站得住腳。儘管這個過程很艱難，我還是建議被害人堅定地提告，這是撫平痛苦和克服恐懼的正確選擇。

當強暴犯是個執迷者，被害人就更加恐懼了。不同於其他強暴犯罪，**執迷者並非衝動犯罪，而是鎖定被害人為「目標」，很可能再度施暴。**

如果沒有其他原因，被執迷戀人性侵犯的被害人一定要提告，並且盡最大可能將施暴者繩之以法。就算判決的結果沒能把壞人送進監獄，但「目標」向執迷者發出了一個強有力的清楚信號：她不會再當受害者了，以嚇阻執迷者不要再嘗試鋌而走險。

詹妮被迫離開從前的老師和朋友，因為她知道維克多還留在那所學校裡。不過她開始申請新的大學，如今也不太害怕夜晚自己出門。她加強體格鍛鍊、學防身術，而且隨身帶著防狼噴霧。她也鍛鍊自己的心理素質，每週一次參加性侵被害人團體，而且每個月兩次到強暴危機熱線中心當志工。遭受不幸後，詹妮曾受噩夢纏繞，幸好現在她慢慢走出陰影，透過心理協助，開始走向新生。

## 身體暴力

暴力是親密關係中真正的威脅。在美國，至少每十名婦女就有一名遭遇過丈夫或戀人施暴。對於執迷戀人的「目標」來說，即使戀情結束，危險仍如影隨形。失去了「唯一的完美情人」，執迷者很可能會試圖以暴力奪回，或者是報復對方。

儘管男人也可能成為執迷暴力的受害者，但絕大多數報告中的受害者是女性。對於「目標」來說，暴虐的前夫或前男友是生活中無處不在的威脅，讓他們難以正常生活。每一段回憶都是一個提醒：他還在那裡；每一次響起的敲門聲，每一次走近的腳步，每一個影子，好像都是暴力的幽靈。儘管大多數執迷者面臨分手時，未動用暴力，但是對於遭受過暴力的「目標」來說，並沒有安慰的意義。

## ．「我做夢都想不到他會打我。」

莎曼莎二十七歲，亭亭玉立，淺金色的頭髮，皮膚細膩得像瓷娃娃。她在一家大型金融機構當出納，和哈利結婚兩年半。三十一歲的哈利是心血管內科醫師。剛結婚不久，他就流露出執迷的本質，如果從醫院回家時發現莎曼莎不在，他就會生氣地砸東西。他需要不斷地確認莎曼莎是他一個人的，莎曼莎是絕對忠誠的。

和許多執迷者的「目標」一樣，起初莎曼莎容忍了哈利的喜怒無常，以為隨著關係的深入，他的不安會漸漸消散。但是婚後過了一年，她開始見識到哈利壞脾氣的另一面，那是她之前未發現、具有破壞力的一面，有一次哈利一拳砸壞壁櫥，還有一次拿啤酒瓶砸碎鏡子。這樣的暴怒真的讓莎曼莎害怕，但是她小看了這些事情的嚴重性，以為是工作壓力所致。她從來沒想到最後哈利會打她。

結婚滿兩年後，莎曼莎懷孕了，這使得哈利的妒火越燒越旺——害怕孩子和自己分享親密關係，對執迷者來說並不奇怪。兩個月後，有次莎曼莎去拜訪表姊，回家較晚，哈利就爆炸了，指責她是去見別的男人，接著狠狠地打在她臉上，把她揍倒在地。

**莎曼莎：**他這一拳不僅擊倒我的身體，更擊垮了我的心。我曾經是多麼相信自己瞭解他，多麼肯定他不會做任何傷害我的事情。但那一刻，我心裡的某種信念瓦解了，我是第一次看到他如此醜惡的嘴臉。我知道不能再跟他一起生活下去了，我們之間完了。

當晚她搬回了娘家，幾天後訴請離婚。為了防止哈利再度施暴，莎曼莎的律師到法院聲請保護令，哈利被禁止直接與莎曼莎接觸或者靠近她三百公尺之內。

## 結束一段暴力的關係，也會感到悲傷

莎曼莎忍受哈利的暴烈脾氣長達兩年，但是無法容忍哈利對她動手，當哈利越過這條底線，她明白自己必須離開哈利，而且走得乾淨俐落。但是，她心裡卻沒那麼容易放得下。

**莎曼莎**：那陣子我真的很低潮，畢竟肚裡還懷著他的孩子，而且我們有過很美好的時光。我一直以為我們會共度一生的，可是忽然就……要完全放下，真的很難。

很多執迷者的「目標」和莎曼莎一樣，相信他們做了有利於自己的正確選擇，結束了暴力關係，就可以遠離感情創傷。但即使莎曼莎怕極了哈利的暴力，也沒能免卻心頭的哀傷——她的感情完了，她想像過的美好未來被改寫了。

絕大多數人都很難理解，作為暴力執迷者的目標，好不容易與恐怖的過去告別，有什麼可悲傷的。但是不管一段關係糟糕到何等程度，當畫上句號，大部分「目標」還是會感到有些失落，為了曾經擁有過的一點美好、曾經的海誓山盟、婚禮上宣誓過的「無論今後……」

## 將暴力行為「合理化」

悲傷湧現，莎曼莎心軟了，理智的判斷開始模糊，讓她放鬆對哈利的戒備。像許多暴力執迷者的受害「目標」一樣，她開始「合理化」這件事，為哈利的暴行開脫。

**莎曼莎**：我知道，我不會跟一個打女人的男人一起生活，但我還是忍不住回想那晚的情景……也許，我也有錯……我應該提前打電話告訴他我會晚點回家的，我知道找不到我時，他有多瘋狂。也許那晚只是一次偶然，我是說，他以前從來沒打過我……而且當時他看起來也像我一樣震驚……他看起來那麼後悔……我的意思是，他並不是魔鬼，否則我也不會嫁給他。

在離婚這件事上，莎曼莎毫不遲疑，但是她還在玩危險的心理遊戲，透過為哈利的暴行開脫，分擔責任，她放鬆了警戒。許多受害者都會這樣想，這讓他們感覺自己當初選這個人也沒有太傻，那段過往也並非一無可取。

## 當「目標」放鬆警戒

莎曼莎畢竟還懷著哈利的孩子，這使得她對哈利的感受格外矛盾。所以分開一個月後，當哈利打電話說想要見她時，可以理解，她動搖了。

**莎曼莎**：我跟他說他不應該再打電話來，因為保護令，也因為發生的一切。但是他說，我這麼做讓他太傷心了，我居然認為他還會傷害我。聽他這麼講，讓我感到有些內疚。他說他只是想和我說說心裡話，他知道一切都晚了，但他還是想道歉，至少讓分手別那麼遺憾，就當看在我們孩子的分上……他聽起來那麼理性、那麼溫柔，而且那麼感到抱歉……我居然無法拒絕。所以我告訴他，他可以來看我，但只有十分鐘，然後他就必須離開。他滿口答應。

儘管有保護令，但是莎曼莎答應見面，實際上是給了哈利一個信號：她並不在意那道禁令。事實上，莎曼莎等於是認可哈利重新展開追求。確實，面對悔悟的傷心前任，人們很難做到鐵石心腸，但是不管哈利說得多麼悔恨，莎曼莎不應該忘了一個基本的事實：哈利還是那個曾經打過她的男人，什麼都沒有改變。

莎曼莎太大意了，她不該答應跟哈利見面的，而且更不應該單獨見面。那時她在娘家，沒有其他人在身邊，完全沒有安全保障。

**莎曼莎**：我們剛開始說話時還好。他告訴我，發生了這樣的事，他有多難過、多後悔，他想要我回到他身邊，想和我一起擁有我們的孩子，一個完整的家。我試著溫和一點，但還是告訴他現在說這些太晚了，我再也無法相信他，我沒有了安全感。他試圖說服我，我還是拒絕。這時他越來越煩躁，開始對我大喊大叫。我害怕極了，所以我告訴他，十分鐘到了，按照約定他該離開了。我打開門，但是他拒絕離開，我就推他出去，當我想要關上門時，他抓狂了，把我拖進屋裡，我嚇得尖叫，他把我推下樓梯。醒來時，我在救護車上，渾身難以想像的痛。那天晚上，我失去了孩子。我永遠無法原諒自己的愚蠢。

一瞬間，莎曼莎的生活墜入噩夢。除了流產，她還有腦震盪、兩根肋骨骨折，內出血差點要了她的命。而且因為孩子的死，她陷入深深的自責。

回想起來，莎曼莎意識到有充分證據顯示哈利很可能會重複暴力行為。如果哈利會因為晚點回家這種雞毛蒜皮的小事火冒三丈，那麼面對離婚這樣的痛楚，豈不是要火山爆發？但是除了她晚回家那一晚，哈利沒有打老婆的前科，也許莎曼莎因此而放鬆了警戒。這一次判斷失誤，讓她付出了慘痛的代價。

最後哈利因侵犯莎曼莎和過失致未出生的胎兒死亡，入獄服刑。莎曼莎的身體已經恢復，正在進行心理治療，她準備五年內，在哈利出獄之前，搬去另一個州生活。

「目標」需要注意，假使執迷的戀人以身體暴力的形式來發洩憤怒，說明他們沒有自我控制的能力。無論男女，在憤怒時根本無法用上理性，而失去了自我調節情緒的能力，行動起來將不計後果。心情有多糟糕，行動就有多惡劣，這成了他們的習慣，很少有暴徒只作惡一次的。

## 以愛之名的謀殺

除非遭受過暴力，從那段慘痛的關係中走了出來，否則「目標」很難充分正視暴力發生的可能性，哪怕這種危險確實威脅著自己。

三十三歲的艾麗在妹妹慘死的悲劇發生後不久，來找我尋求幫助。艾麗一進門就忍不住流淚，瘦弱的身形看起來弱不禁風。她告訴我，辦完妹妹的葬禮之後，她嚴重失眠、暴瘦，覺得妹妹的死，責任在她。

艾麗告訴我，她妹妹瑞秋和名叫格蘭特的建築設計師同居了一年多。格蘭特英俊、聰明，但瑞秋決定結束這段關係，她告訴姊姊，只是因為她厭倦了格蘭特的「喜怒無常」。但是格蘭特不願意放手，瑞秋搬走後，他費盡心思想追回她，成天送她花、糖果或者寫火熱的情書。他還在瑞秋的車上留字條——那不是瑞秋常去的地方，這說明格蘭特在跟蹤她。對於格蘭特的示愛，瑞秋並不理會，而且把他的禮物都扔掉，她覺得這太煩了。她以為這樣下去總有一天格蘭特會厭倦而放棄，覺得自己沒理由怕他。

**艾麗**：後來有一天，他到我家來，求我幫幫他。他看起來那麼傷心，那麼愛瑞秋……而且我一直以為他是個不錯的人，一定比成天繞著瑞秋轉的那幾個傢伙好得多……而且他只是想要一個跟瑞秋談話的機會。我告訴他，瑞秋很煩他太黏人，他對我發誓，就讓他再和瑞秋談一次，要是她還不願意，他就死了這條心，再也不打攪她。我想了想，這也沒什麼壞處啊，所以邀請瑞秋來吃晚餐，沒告訴她格蘭特也在。

要是艾麗知道格蘭特執迷到何種程度，絕不會安排這場飯局，但是瑞秋從未跟家人說過他到底是怎樣的人。

很多「目標」拒絕向家人或朋友透露戀人的執迷程度。有些「目標」自小成長於很難得到支持和鼓勵的家庭，即使對父母說自己做了什麼、感受如何，也得不到回應。另有些人如瑞秋，不願讓人知道自己做過傻事，也許是為了自己扯上這樣的感情和處境感到尷尬。瑞秋沒對姊姊實話實說，卻發生了無可挽回的憾事。

- **「假如我得不到你，別人也休想得到！」**

瑞秋死後，她最好的朋友、也是唯一的知己告訴艾麗，儘管格蘭特從未對瑞秋動手，但他常常對她施加情緒虐待。格蘭特常發火，認為瑞秋沒有百分之百關注他，而且會一連好幾天不理瑞秋。好幾次他藏起瑞秋的車鑰匙，不讓她去見朋友。還有一次他把瑞秋的一件高級禮服扔了，因為覺得公眾場合穿那件衣服太「暴露」。

當瑞秋告訴格蘭特，自己要離開他，格蘭特惱羞成怒，放話說**如果她離開，就殺了她**。但是瑞秋並未把格蘭特的威脅當回事，朋友勸她報警，她覺得沒必要，堅持說格蘭特就是愛誇張，畢竟他從未動手打過她。

**艾麗**：要是她告訴我格蘭特這樣說，或者他們住在一起時，格蘭特做過的一些事情，我絕不會答應幫助格蘭特。但是，瑞秋總是跟我說他有多好……所以當她過來吃晚餐，發現格蘭特也在時，我猜她可能會生氣，但沒想到她火冒三丈，根本就沒進門。她告訴我沒權利這麼做，然後轉身就走了。那是我最後一次看到她。

故事講到這裡，艾麗開始啜泣。她已經不用講結局了——我在報紙上讀過。格蘭特追著瑞秋到大街上，他們爭吵了幾句，格蘭特掏出槍對著瑞秋開了三槍，她當場死亡。艾麗追悔莫及，由於妹妹的慘死和自己脫不了關係，她深深地自責。但是，艾麗並不知道格蘭特竟然執迷到這種程度，才會被他輕易地利用。

## 未雨綢繆

和瑞秋一樣，大部分的人都需要有充足的理由相信，我們永遠不會愛上一個可能傷害自己的人。我們拒絕面對愛錯人的可能性，也不願意承認自己可能被浪漫沖昏頭。寧可相信自己的判斷是正確的，認為我們真的瞭解枕邊人。

此外，對於我們許多人來說，本能地以為暴力離我們很遠，很難想像周圍的人有一天會攻擊我們。瑞秋錯估了格蘭特，把他的威脅解釋成「就是愛誇張」。

很難說瑞秋能否做些什麼來阻止格蘭特行凶，但她可以重視格蘭特的威脅，來減少悲劇發生的機率。她應該把他的威脅告訴警方，還可以把他說的話、做的事都告訴家人、朋友，請大家幫她避開格蘭特。這並不是指瑞秋咎由自取，即使她用了再多堅定的措施來保護自己，也未必就能萬無一失。但是，低估了分手帶給執迷戀人的痛苦，是犯了世人常犯的錯誤，將自己推向危險的深淵。有時，生死只在一念間。

## 先知道，先防備

我希望自己有一個魔法水晶球，幫你預測你的執迷戀人是否有威脅，然而沒有人能神機妙算，清楚地預知別人的每一步行動。但至少，透過瞭解一個人特定的人格特質、行為習慣與背景，能夠大概預估在遭到拒絕時，這個人會不會出現暴力行為。

## 暴力前科

歷史不斷地重演，個人的歷史也不例外。在戀愛或婚姻中動粗的執迷戀人，遇上關係破裂時，更傾向於以暴力奪回控制權或發洩憤怒。但即使執迷者從未打過戀人，也可以透過其他途徑來判斷他們是否有暴力傾向，比如他們和別人打過架，或者破壞東西、砸東西，或是生氣時捶牆等等，這類執迷者在心煩意亂時，有可能會訴諸暴力。遇到被分手這種激發極端憤怒的情況，他們相當容易失控而傷害對方。

## 毒品和酒精

毒癮和酒癮，與暴力往往是緊密相連的。毒品、酒精成癮到底是生理問題還是心理問題，至今仍有爭論，但不管原因如何，會「成癮」，顯示此人控制不了自己破壞性的衝動，不顧後果。

而且，酒精和毒品會扭曲成癮者的判斷力和感知力，當這種扭曲激化成癮者的憤怒或是減輕其對於後果的顧慮，常常便引發暴力。某些藥物（尤其是興奮劑，比如安非他命、古柯鹼或古柯鹼衍生物）往往會削弱自我約束能力，或是強化非理性的嫉妒和猜疑，而激化暴力衝動。

吸毒者或酗酒者在受傷時，會更加沉迷於毒品和酒精，暴力在所難免。

## 暴力威脅

很多人的威脅只是放空話，但就像我們在本章中看到的，執迷者發出威脅，常常說到做到。只要是威脅，都應該慎重看待。

## 暴力的家庭背景

家庭暴力有兩種形式：虐待配偶和虐兒。無論是哪種形式的家庭暴力，都形同教育孩子暴力是獲得力量與控制權的有效途徑。儘管有許多走出家暴者發誓永不重演自己的童年噩夢，但其中有些人不知道該如何處理創傷。在暴力環境中長大的執迷者，遇到問題時，常常訴諸暴力。

我想強調的是上述幾點只是參考，並非絕對。但是如果你的執迷戀人有其中任何一點特徵，那麼當你提出分手時，對方表現暴力行為的可能性比較大。對風險越警覺，你就越有能力找方法保護自己。

## 保護你自己

我們生活在一個充滿變數的世界，無法化解所有未知的風險，但可以盡其所能地利用一切保護措施，避免自己受執迷暴力所害。

在工作中與暴力犯罪被害人接觸多年，我太瞭解我們的法律和執法系統存在的弱點和漏洞，法律通常是只有「犯法」之後才會發生作用，而且太多時候都太晚了，比如常見的這句：「要是他殺你，就打電話給我們。」不過，相關機構和部門也在改善中，對於人們未受到實際傷害時的報警，反應越來越敏銳。如果你感覺自己的安全受到威脅，鄭重提醒你，請立即聯繫當地警方。

當你遇到暴力前任時，各地受虐婦女庇護所、律師與各法律扶助機構是你的重要資源。必要時，他們可以幫助你聲請到保護令，甚至逮捕你的執迷前任。在某些州，發出暴力威脅便已觸法。

就我所知，在一些極端的狀況下，有些「目標」選擇換工作、搬家，甚至搬去另一個城市，來逃離執迷者。雖然痛苦，但為了自己，這是唯一的選擇了。然而，我也看過許多悲劇的發生，由於「目標」不願意採取行動或拒絕求助於執法機構，只因為害怕自己看起來反應過度或神經兮兮。請不要羞於向家人、朋友或執法機構表達你的恐懼，遭受威脅或遇上暴力時，「安全」才是最重要的，沒什麼不好意思。

## 這不是你的錯

幸運的是，大多數執迷戀人並未動用暴力，但如果你不幸遇上了暴力執迷者，不要責怪自己。即使是雙重訊息強化了對方的執迷行為，或者忽視危險信號，你也沒有理由為執迷者的暴力負責，因為：

**暴力行為的責任在於施暴者。**

不要拿別人的錯誤來懲罰自己。不要因為別人的犯罪和懦夫行徑而自責，白白傷害自己的幸福。

若你曾是執迷暴力的受害者，創傷可能會嚴重波及你生活的各個層面，影響你看待新戀情的態度。若你曾遭受過暴力犯罪，強烈建議你尋求專業的心理協助，以幫助你重建信任。

正如執迷者需要解脫，「目標」也需要從執迷戀情中解脫出來。

# 掙脫執迷愛戀的牢籠

第三部

第八章

# 「連結強迫」：執迷戀情的根源

什麼？你說我這樣做不是為了愛？如果這都不是愛，那還會是什麼？——羅伯特

是什麼神祕的力量促使執迷者感受、思考與行動，讓他們一舉一動都如此破壞情感的平衡、悖反常理，而且違背愛的常規？為什麼執迷者永不滿足？為什麼執迷者那麼憤怒？他們又為何總是在擔驚受怕？他們為什麼這麼困惑？

要回答這些問題，我們必須從根源開始挖掘，瞭解執迷的行為是如何習得。

## 幸福的依附關係

我們每一個人都是作為純粹的感情生物來到這個世界——當我們基本的需求得不到滿足，餓了、睏了、冷了、不舒服或者感到疼痛，便開始難過和生氣。但是當我們安全地躺在母親的臂彎裡，飽飽地飲著熱牛奶，便體驗到純粹的幸福，一種完美的母子依附關係，絕對安全、溫暖和滿足的狀態。簡單的內在世界的需要和滿足、渴望與幸福，就是我們的整個宇宙；對於外面的世界，我們一無所知。母親是我們的一部分，我們和母親是一體的。

無論年齡和性別，無意識中，我們都想要重新感受那種幸福，重新回到那種連成一體的安心。當然，我們永遠不可能再找到那種幸福的依附關係了，但那種感情已經深植於我們的內心深處。

## 當依附關係斷裂

隨著自我意識的發展，我們開始意識到自己和母親是分別獨立的個體，並且也開始意識到，滿足自己需求的資源來自於**外部**，而不是我們自身的一部分，完美而絕對的依附關係開始斷裂。我們以為可以依靠的，都是不可預知的，就像我們嚮往歲月靜好，卻無奈世事難料。第一次，我們體驗到了害怕，當我們需要母親時，她可能沒在身邊——我們感受到被遺棄的最原始恐懼。

這是我們邁向「分離」的第一步，而且對於每個人來說都是痛苦的一步。你不可能像醫師幫嬰兒剪臍帶那樣，喀嚓一下就切斷了人生中最幸福的依附關係。而且儘管隨後的過程不一定那麼痛苦，但也絕對不容易。

與母親分離的過程，是我們天性渴望獨立與離開幸福、安全的依附關係所帶來恐懼之間的拚搏。這個過程激烈、壓抑、反反覆覆，貫穿我們的童年期和青春期，斷斷續續地折磨著每一個人。而且對於某些人來說，這段痛苦的過程一直延續到成年。

唯有父母盡可能地以尊重、愛、鼓勵與保護來回應我們的需求，我們才能逐漸建立起對自己及他人的信任，從容度過這場暴風雨般不可預知的分離。

## 當分離走向失控

父母之愛，是唯一以分離為最終目標的愛。好的父母盡力培養孩子的自信、自立和自主。但是對於一部分父母來說，無論他們多麼努力，也擋不住造化弄人，正常的分離過程變得無比艱難。家庭成員生病、新成員誕生、工作安排造成父母缺席、父母不幸撒手人寰——以上任何一種狀況，即使是在一個很溫馨的家庭，也會干擾孩子走向獨立的步伐，讓孩子產生被拋棄的感受。而且一旦孩子感覺被拋棄，就失去了分離的勇氣，像是在失去安全網的情況下，第一次嘗試走鋼索。

若連在健康、和睦的家庭中，分離的過程都如此容易受影響，可以想見，如果父母威嚇、虐待或經常忽視我們，那麼我們的自信和對他人的信任都會受到破壞，分離的過程受到干擾，更難獨立。假如我們成長於不健康的家庭，所需要的尊重、愛、鼓勵和保護總是被忽視或遭踐踏，那麼分離的過程已經不只是受干擾，那幾乎是脫軌了。

## 出於「連結強迫」，渴望重建依附關係

當分離的過程受挫，不管什麼原因，我們開始變得表裡不一。表面上，我們好像越來越獨立；但是在內心深處，我們會感覺非常害怕，絕望地試圖回到那個絕對滿足、絕對安全，卻永遠回不去的港灣。對於執迷戀人來說，重新獲取那種最幸福的依附關係已經不僅是渴望，那是一種不顧一切的強迫——我稱之為「連結強迫」。

為了更清楚地理解這種強迫的感覺，我們可以做個比喻：

有個小女孩住在大森林的小木屋裡，她離開自己溫暖的小窩，去探索未知的世界。走著走著，遇到一個從未見過的動物，她覺得很害怕，趕緊跑回家。

這時，來自健康家庭的小孩會感受到家的溫暖和安全，她的父母會好好調查，確定這個動

物是安全的，鼓勵孩子明天重新出發去探索。

但是，來自不健康家庭的小孩發現自己被鎖在門外，她瘋狂地敲門，祈求幫助，好像後面有野獸快要追上她一樣。她看到了門後面的燈光，那一絲希望鼓勵她更加急切地拍打家門，但是沒人來救她。她越是求助，越是絕望。

執迷的戀人還在瘋狂地拍打著門，但時過境遷，現在他們拍打的不再是父母的門，而是「目標」的門。他們孤獨、絕望、被拋棄，他們深信那扇門後面有唯一的解藥。儘管理智上清楚小木屋現在的主人是他們的「目標」，但門後面透出來的一絲希望讓他們像小時候一樣狂喜——那是再度找回原初幸福的希望。

當執迷者意識到，他們神祕而難以捉摸的純粹依附感近在咫尺，那麼除此之外，這個世界上任何事都不重要了。他們終於找到了天意所在，沒有什麼能夠阻止他們為此奮鬥。這種極度渴望所激起的原始能量讓他們感到比以往更有活力，促使他們不顧一切地追求幸福的依附。

## 被拒絕，促發了「連結強迫」

當感情的救贖觸手可及時，「被拒絕」是執迷者的終極噩夢，就是那扇啪一聲關在眼前的門。無論是被直截了當地拒絕，還是僅僅因為需求太過度而無法得到滿足，執迷者都會被推向記憶深處的噩夢，痛苦、恐懼，兒時的絕望再度襲上心頭。

「連結強迫」便是由童年陰影所產生。並非所有經歷過分離的孩子長大後都會變成執迷戀人，人類行為並不是這麼單純的。人生不像簡簡單單的拼圖遊戲，每一塊圖片都有對應位置。在愛情中，成年人的行為受很多因素影響，其中最重要的包括：

- 基因決定的人格特質。
- 生化失衡影響情緒或性格。
- 與兄弟姊妹的關係。
- 童年時與朋友的關係。
- 青春期的感情經歷。

以上任何一種因素，都可能對於成年後的愛情模式產生極大的影響。有研究表明，基因大大影響了基本的人格類型；體內的化學變化可以讓人憂鬱或喜怒無常；手足關係或童年夥伴關係出現問題，會導致成年後好鬥、善妒或孤僻；當我們脆弱時，青春期的情感挫折難免在傷口上撒鹽。

但對於我們大多數人來說，「父母的行為」是我們學習如何與戀人相處的一門課，我們從父母身上學到兩性互動。父母如何對待彼此，是我們長大後對待戀人的基礎，同時也希望自己被如此對待。父母對待我們的方式，是我們理解愛情的基礎。

### ・「沒有人愛我……」

諾拉的故事，就是所謂「童年期被拒」的典型例證。諾拉在比佛利山經營一家服裝店，僅僅幾次約會後，她對湯姆愛得無法自拔。她是在密西西比州的一個小鎮長大，很小的時候，父親在車禍中喪生，母親很快便再婚。

**諾拉**：我媽經常用一條像剃刀一樣尖利的皮帶抽我，她總說為我感到羞恥，她為我的南方口音感到羞恥，她為我的成績感到羞恥……我到了十三歲時，開始和男孩廝混，我媽發現後，開始防備我，生怕我接近繼父。在家裡從來沒人擁抱我，所以我也從來不跟繼父接觸，但就算我在家穿著韻律服或請他幫我戴項鍊這樣的小事，我媽也會責罵我。十四歲時，我懷孕了，我媽用一根電線狠狠地打我，直到現在，我身上還留有傷疤。但我還是老樣子，成天往外跑，因為至少那樣還能找到點溫暖。一個男人只需陪我從教堂回家，我就會愛上他。當你在家裡找不到愛，你就會到其他任何你能去的地方尋找。

諾拉的情況再清楚不過了，她的童年和青春期就是在得不到關注、得不到愛的氛圍中度過的。她母親的拒絕是赤裸裸、冷冰冰的。不過，有更多形式的拒絕並未如此直接。

**諾拉**：我爸爸去世時，我四歲，記得我一直在想：「如果他愛我，為什麼要離開我？」我不理解死亡是什麼意思，只知道他不要我了。

諾拉和大多數有過類似遭遇的孩子一樣，把父母的去世當成自己被拋棄。孩子還常常把雙親離婚或者其他不可避免的缺席，當成自己被拋棄。實際上，不需要父母如此擺明拋棄，很多情況下，孩子一樣會經歷被拋棄的感覺。

就算是最貼心的父母，孩子也免不了偶爾會有被拋棄的「感受」，僅僅是因為叫孩子回房間去反省，或者太忙了而沒注意到他們等等。被拋棄是一種高度主觀的體驗，防止這種主觀體驗發展成「連結強迫」的關鍵，在於安撫孩子，消除他們的疑慮，讓他們清楚地知道爸爸媽媽愛他們，不是故意拒絕他們的。

大部分執迷者成長於不健康的家庭，小時候經常感到沒人愛、沒人要、沒人關心，或者被父母拋棄。可想而知，這種反反覆覆被拒絕的感受勢必讓孩子對愛更加渴求，但是在孩子的眼裡，愛的來源只有一處——總是冷冰冰的父母。他們越是渴望再度得到父母的愛，越是被拒絕；越是被拒絕，就越是急切。就這樣，極度渴求的「連結強迫」在他們心底生根、發芽，一直延續到成年。

### ・「只要爸爸能回來，我願意做任何事情。」

從許多方面來看，瑪格麗特對菲爾執迷是複製了童年對父親的渴望。她小時候，父母離婚，從那時開始，她就沉浸在對父愛的渴望中。紅髮的瑪格麗特是律師助理，不請自來地出現在警察情人菲爾家裡，卻撞上他和其他女人在一起。

**瑪格麗特**：我七歲時，爸爸離開了媽媽，後來知道他是為別的女人離開的，但當時沒人告訴我這些，我不能理解為什麼他要離開我，我想一定是因為我做錯了什麼，但怎麼也想不出來錯在哪裡。我只知道他不再愛我了，上一秒他還在我身邊，下一秒他就離開了。他去了很遠的地方，我一年多都沒見到他，但是幾乎每晚我都夢見他。離開我的第一年，他只打過一次電話給我，在我生日那天。我記得那天媽媽送我一輛自行車，但我仍然覺得爸爸的電話是最好的生日禮物，我太想他了。媽媽盡力想讓我感覺好受些，但無論她怎麼努力，也縫補不好我內心的傷口。我願意做任何事換我爸爸回來。

瑪格麗特渴望她的父親，並且因為深愛的父親而悲傷，但父親在離開後，極少對她表示過關愛和在意。如果他還跟瑪格麗特保持一點父女之情，也許能夠幫助瑪格麗特理解他為什麼離開，讓她不會感覺自己是被拋棄了。他也應該幫助女兒理解，父親的離開不是她的錯——這是大部分離婚家庭孩子的錯覺。但是，瑪格麗特的父親離開了她的生命，也帶走了這些問題的答案，這些問題在多年之後會找上門來，再度折磨瑪格麗特。

父親的離開，讓瑪格麗特感到自責、受傷、沒人愛、被拋棄，而且羞辱。父親帶給她這麼多的痛苦，自然而然地，瑪格麗特唯一的反應就是生氣，但她又害怕「負面」的情緒會把父親推得更遠，因此她選擇把憤怒深埋於潛意識裡。

瑪格麗特深信，只有父親能夠解除她的痛苦，不管父親的離開帶給她多麼大的傷害，她還是無法抑制地渴望父親回來。二十七年後，這種渴望在菲爾身上重演。

## •「我是個透明人。」

瑪格麗特感到被拋棄，是因為她小時候確實被父親拋棄了。但是孩子感覺被拋棄時，不一定是真的失去了父母，如果他們覺得自己在「情感」上被拋棄了，反應和真被拋棄是一樣的激烈。

比如說安妮，她生長於一個完整的家庭，但是在成長過程中，她心頭的重擔和瑪格麗特不相上下。安妮是髮型師，當戀人約翰想要分手時，她砸碎家裡所有的玻璃物品，並且威脅要自殺。她第一次到我這裡來的時候，跟我描述了她幸福、快樂的童年。但隨著記憶閘門開啟，她意識到了，小時候父母太關注哥哥，以至於根本沒有時間注意她的存在。

**安妮**：我哥哥比我大七歲。他是個小神童，無論做什麼事都那麼完美，所有人都那麼愛他，包括我。但是當我八、九歲時，發生了什麼事，忽然間哥哥就跟爸媽頻繁起衝突。爸媽經常帶他去看醫生，而且他開始在學校惹麻煩，還到外面滋事，引來警察。後來我才知道他染上了毒品，但對我來說，意味著我就像是不存在一樣，而且我想不通是為什麼，就好像我總是在喊：「喂！大家看，我在這裡啊！」但沒人看我，爸媽沒時間管我。我覺得他們不再愛我了，而且故意忽視我，我恨他們這樣。

安妮的父母可能是愛她的，而且並非有意忽視她，但是他們心繫兒子，在感情上虧待了女兒。因哥哥吸毒引起的家庭風暴使安妮感覺被拋棄了，她需要關愛、需要鼓勵的情感需求未好好得到滿足。

小時候的安妮不明白是生活中的突發事件讓父母無暇照顧她，只知道自己被忽視了，而且很受傷。安妮接收到一個羞辱的訊息，那就是父母覺得她不重要，而且她理解為自己不被需要。像所有的孩子一樣，安妮需要愛和關注，但是有一天，沒有任何解釋，所有的愛、所有的關注忽然消失了，被拋棄的感覺掏空了她的心，沒有什麼能夠填補。

和瑪格麗特一樣，安妮也是不可抗拒的家庭危機的受害者。就安妮而言，沒人離開，也沒人死亡，但是被拋棄的感受是一樣的痛苦。

### ・「我什麼事情都做不好。」

還有一種形式的拋棄——有時是公然的，有時不易察覺——我發現特別多的執迷者都有這樣的成長背景。這種被拋棄感來自父母的否定，這類父母對孩子抱有不切實際的期盼，因而孩子從來達不到他們的要求。這些父母無一例外是高高在上的完美主義者。

羅伯特的父親就是如此。羅伯特是音響銷售員，當女友莎拉想要離開他時，他一怒之下砸了莎拉的車。羅伯特的父親是一位特別嚴苛的警官。

**羅伯特：**沒什麼事是我能讓他滿意的，我從來都達不到他的要求。把書隨意丟在桌上，會被他訓一頓，說我好逸惡勞。拿回家的成績不是A，他會長篇大論地責備我不用功。如果我打了一個高飛球，他會怪我不好好練習。有時我做得滿出色的，他只是冷冷一句：「運氣而已。」我常常覺得自己是個失敗作品，好像他根本不需要我，我不是他想要的孩子。

羅伯特以為他達不到父親期望的唯一原因，是自己太弱、太差。他做夢也沒想過父親的標準很可能是不切實際的。他不斷嘗試、不斷努力，想要讓父親滿意。但越是努力嘗試，當他不可避免地失敗時，就越感到羞辱。

## 被同儕排擠

幾乎所有被父母拒絕過的孩子都會感到羞辱，羞辱感讓孩子長期萎靡不振。這種負面的感受不可避免地扭曲孩子的人格，影響了交友能力。羅伯特的例子正說明了這一點。

**羅伯特：**我的學生時代很黑暗，我很害羞又自卑，因為同學們常常叫我「老鼠」。我恨他們這樣，但我不吭聲。每次我看到有人在笑，尤其是女生在笑，就覺得是在嘲笑我。每一天我都期待著趕快結束。

對於得不到父親認可的羅伯特來說，同儕的排擠無疑是雪上加霜，進一步破壞了他的自信，導致羅伯特變得害羞且孤僻。

在家裡被忽視的孩子，到了學校或者出去玩時被同儕排擠，再常見不過了。其中有些孩子害怕與同儕接觸，因為總覺得自己會受輕蔑，或者被作弄。還有一些孩子因為得不到父母的關注，變得喜怒無常，很難交到朋友，或者愛哭而被同儕嘲笑。更有些孩子是試圖藉由欺負別人或者一些愚蠢的冒險來吸引注意力，彌補內心的空虛。

本來就缺少父母關愛的孩子，再加上遭到同儕羞辱和排擠，無異於在傷口上撒鹽，讓他們越發急迫，渴求重新得到父母的愛。

## 童年抗爭的延續：尋找父母的影子

孩子對抗被拋棄的方法很多，如果不能夠透過語言來表達傷心、恐懼或憤怒，往往轉而經由行動來表達這些痛苦。

有些孩子在學業、運動、文化活動，甚至家務方面拚命努力，藉著嚴苛的自我要求來博取父母的肯定。另外一些孩子，無論是表達挫敗感或是試圖引起關注，選擇製造麻煩來宣洩內心的痛苦，像是吸毒、酗酒、亂性、搞破壞或是打架鬧事。這些孩子無論怎樣抗爭，永遠都沒有勝利的一天，只讓自己陷入更加絕望的掙扎。

身為成年人的執迷戀人在遭到「目標」拒絕時，無法就事論事地回應，因為那有如揭開了童年傷疤。執迷者發現往日重現，他們又吹響了抗爭的號角，但現在他們長大了，更強、更聰明、更堅強，多了一分勝算。這麼多年過去，他們終於看到了勝利的希望，這個「目標」在不知不覺中給了他們生命中的第二次機會，這簡直不可思議，太令人振奮了。命運跟他們開了個玩笑，執迷者懷著不切實際的樂觀，披上金光閃閃的盔甲，再次投身於可悲的抗爭。

有些執迷關係裡，「目標」從一開始就拒絕了他們。但是，在那些「目標」至少還愛他們、接納他們的關係裡，執迷者也無意識地自導自演著被拋棄的悲情戲。重演童年時代被拋棄的經歷，是每一個執迷戀人的基本需求——沒有拋棄，就沒有抗爭；沒有抗爭，就沒有機會反敗為勝。

但是，執迷者遇到一個窘境：想要在反抗「被拒絕」的抗爭中扳回一城，曾經抗爭的對象——拋棄他們的父母卻不在了。唯一的解決辦法是讓戀人取代最初的抗爭對象，成為「象徵性父母」。

當我告訴執迷者，他們是把戀人當成象徵性的父母，他們無不表示不相信或者尷尬，好像我暗示他們有亂倫的念頭。但我把戀母、戀父情結的理論擺到一邊，向他們說明，我認為象徵性的父母指的是情感上的替代，無關肉欲。

將戀人看成「象徵性父母」的過程中，執迷者不像一般那樣重溫兒時對爸比和媽咪的天真、美好想像，他們是重演童年悲劇。執迷戀情是他們的舞臺，過去的故事、過去的悲傷，換上了活力四射的新演員，老調重彈。而如此大費周章的唯一目的，就是將這個過去的故事換上新的結局——一個開心的結局。

## 類似情境，帶來熟悉的感受

當瑪格麗特第一次跟我說她父親忽然離開的故事時，我告訴她，她是把菲爾當作象徵性的父親了，瑪格麗特不相信。但隨後我指出這兩個男人之間的相同處：

- 她父親毫無預警地離開了，菲爾也是毫無預警地忽然離開。
- 她父親離開是因為別的女人，菲爾離開也是因為別的女人。
- 她父親偶爾打來電話，讓她心存希望。菲爾時不時跟她上床，也讓她心存希望。
- 她父親離開後，對她漠不關心。菲爾離開後，對她毫不在意。

菲爾不經意地揭開了瑪格麗特內心的舊傷疤，讓她陷入像過去一樣的絕望和渴望，就像父親當年忽然離開她時同樣悲傷。瑪格麗特非常恐懼，怕菲爾像父親一樣拋棄自己，也害怕再回到那樣的悲傷中，所以她拒絕接受菲爾離開，就像以前拒絕接受父親離開一樣。

當瑪格麗特還是個小女孩時，無法去追回父親，但現在不同了，對於菲爾，她有機會克服往日的無助。她不再像小時候那樣甘於被動，面對菲爾離開的意圖，她奮起抗爭，下意識地相信自己能夠扭轉局面，她終究能夠贏得勝利，不讓自己被拋棄。當我跟瑪格麗特對比了她對父親的感受和她對菲爾的感受，她越來越清楚相似之處。

## 不同情境，也引發熟悉的感受

雷的情況與瑪格麗特不同。雷現實中的父母和象徵性的父母之間，並沒有太多相似性。雷是前面提到的電影攝影師，他對身為共伴執迷者的戀人凱倫有著極強的占有欲，而且總是缺乏安全感，即使凱倫僅僅是關上浴室門，也令他感到非常痛苦。

小時候，雷長期被酗酒的母親忽視。成年以後，當感到被凱倫拒絕時，他的內在經驗和兒時非常相似。但實質上，現實中和凱倫的戀愛關係，與他內心的童年陰影並沒有明顯的相似性。

**雷**：我媽整天不是對我大喊大叫，就是爛醉如泥，好像她希望我不存在，我是她的包袱。我爸爸總是加班，我實在也無法指責他不願意留在家裡，畢竟我媽那樣……但這樣一來，家裡就只剩我和媽媽。我試著為她做很多事情，好讓她知道我有多愛她，但無論我怎麼做，她都不滿意。

雷感受到的被拋棄源於雙親的情感失職，但主要責任在於他的母親。母親長期對他進行言語虐待和情緒虐待。在現實中，母親並沒有真的將他遺棄或趕出家門，但她讓雷成為精神世界的孤兒。

成年後，雷回到家從沒發現凱倫喝醉，凱倫也沒有責罵他，更沒有對他施加情緒虐待。事實上，她努力做一個好伴侶。但是，凱倫就連在浴室獨處片刻這樣的小事，也會觸發雷的童年陰影，讓他感到害怕和挫敗。儘管雷的童年與如今凱倫的一舉一動毫無雷同之處，但他的反應卻和小時候如出一轍。除了蹣跚學步的孩子，還有誰會在父母關上浴室門時驚恐萬分？除了小孩子，還有誰會因為父母不開那扇門而憤怒？

當凱倫最終提出分手，要他離開，這是一種童年時沒有過的經歷。儘管如此，凱倫的拒絕再一次讓他感受到小時候的挫敗和憤怒，以為自己不夠好、沒人愛。他要跟同樣的剝奪和拋棄抗爭。小時候得不到媽媽的愛，現在喚不回凱倫的愛，對雷來說，是一樣的絕望。

儘管母親與凱倫之間沒有相似處，雷還是被小時候經歷的拋棄感淹沒了。他把凱倫當成了象徵的母親，投身於反抗拋棄的抗爭。

## 怎麼可能把「她」當成「他」？

就像把戀人當成「象徵性父母」並不需要他們做過相似的事情，兩者的性別也不需要一致。儘管許多戀人在長相、行為習慣、說話方式或其他方面，與案主的父母並沒有相似之處，但這些與外在條件無關。

羅伯特的經歷就是特別偏激（但不算反常）的例子。

**羅伯特**：我十四歲那年，爸爸有了別的女人，最後他離開了我媽。這太可怕了，我只是覺得他不能離開，不能離開，不能離開……我腦子裡一直在喊著不要他離開，我覺得必須想辦法留住他。我覺得我們的整個生活都要崩潰了，我必須找個方法阻止他。記得有一次，我躲在他的卡車後面，跳出來抓住他和那個女人，他真的是暴跳如雷，但我只是不停地求他跟我回家。他對我大吼大叫，要我閉嘴，但我還是苦苦哀求。後來他開車走了，留下我一個人。

二十五年過去了，當莎拉拒絕他時，儘管他已經風風雨雨歷練了多年，小時候被父親拋棄的痛苦再度占據了內心，除此之外，其他感受都不重要了。他拒絕放棄莎拉，就像曾經拒絕放棄父親。羅伯特的象徵父親是位女性這個事實已經不重要了，在感情的世界裡，他還是那個躲在卡車後面，決定要改變現實的小男孩。再一次，他不夠好；再一次，他的感情世界遭遇痛失所愛的危機；再一次，他羞愧萬分。他重蹈童年覆轍，莎拉觸痛了心底的陳年舊傷，他把莎拉當成象徵的父親。

儘管莎拉觸痛了羅伯特內心的舊傷疤，他仍然很難接受自己把一個女人當成了象徵父親這個說法，這不難理解。

**羅伯特**：你看，他是他，她是她，我怎麼可能把他們兩人混為一談？我是說，我可能確實是非常困擾，但我還是很清楚父親和莎拉的區別。

其實，性別對於選擇象徵性的父母並不重要。男友可能會被當成母親的替身，女友也可能被當作父親的替身。甚至有些「目標」在執迷戀人眼中，同時被當成雙親的角色。

儘管有些執迷者可以將任何一個伴侶當成象徵性的父母，但另一些執迷者看起來只回應戀人身上的某些特殊性格，或者共鳴之處。這些特性和共鳴都是極其主觀的存在，常常深藏於執迷者的潛意識。只有一點是所有象徵性父母共有的：他們都有一種神奇的能力，可以喚醒執迷戀人內心深處強烈的「連結強迫」。

## 「救世主情結」的根源

在執迷者之中，「救世主戀人」是獨一無二的群體，因為他們需要一類特殊的「目標」來共同演出一場執迷大戲。這種拯救「問題情人」的需要，可說是無一例外地源於童年期一種特殊的抗爭。

「救世主戀人」的父母，通常至少有一方酗酒、吸毒、長期患病、嚴重憂鬱，或者身體或心理不健全。由於自身的問題嚴重，使得他們很難有能力滿足孩子的情感需求，甚至連自己都照顧不好，導致他們的孩子長期處於缺愛狀態。就像我們在本章所看到的，孩子們的情感得不到滿足時，總以為自己是被拋棄了。

在「救世主戀人」身上，童年期被拒絕的經歷，常常混雜著一種令人費解的角色交換。孩子為了克服被拋棄的痛苦，主動為父母的疏忽扛責，希望能贏得父母的歡心。孩子們實際上是自己扮演起「父母」的角色。

另外，類似的角色交換有時候發生在一些破碎的家庭中，比如父母離婚、父母有一方死亡或者拋棄另一方，這種情況下，留下的一方與孩子相依為命，很容易把所有的感情都寄託於孩子身上，孩子被當作伴侶的替身。讓父親或母親幸福、快樂的重擔，就落在孩子稚嫩的肩上，這個任務對大人來說都不輕鬆，何況一個弱小的孩子。

這些孩子全心投入，扮演好交換的角色，這是他們生存之必須，也是他們反抗拒絕的途徑。

成年之後，這樣的抗爭仍在繼續——他們試圖解救象徵性的父母，用小時候學到的方式繼續去照顧戀人，希望最終能解救自己，獲得渴望已久的認可。

## ・「這一次，我不會錯。」

娜塔莉從小就清楚地認知自己身為拯救者的角色。她是中學老師，一直以來，總是幫戀人里克解決層出不窮的經濟危機。

**娜塔莉**：我父親是酒鬼，清醒時的他風趣、和藹，是個好得不能再好的爸爸。但要是喝酒，他會直直地盯著牆，像個殭屍一動也不動。這真是糟透了，媽媽不得不擔起兩份工作，因為我爸一份工作也做不下去。所以每天一放學，我就得趕快跑回家，收拾家裡，準備晚餐。記得那時候我還得踩在小椅子上做飯，我的身高還搆不到爐上的鍋子。每天做早餐時，我也幫爸爸做好一份三明治留著當午餐，祈禱他這一天能吃點什麼。可怕的是當我放學回家，看到冰箱裡的三明治一口都沒動，爸爸就坐在幾步之外，拎著酒瓶，雙目無神，我覺得自己沒照顧好他。晚上，我會做幾個表演，想讓他清醒起來，但每次都是還沒表演完，他又發呆了，讓我覺得是自己不夠好玩。我很愛爸爸，只是想要讓他好些，振作起來，別再喝酒了，這樣他可以去工作，媽媽不用那麼辛苦，我們就能過著快樂、幸福的生活。但是無論我怎麼做都沒有用，他從來沒改變過。

娜塔莉所做的已經超越了一個孩子的責任，想讓心愛的父親感覺好些。但是沒人為她做點什麼，好讓她感覺好些。繁重的工作使得母親每天在外面忙到很晚，娜塔莉只能在早餐時和週末看到她，何況爸爸酗酒的問題耗盡了媽媽的感情，讓媽媽筋疲力盡。娜塔莉更不可能從父親那裡獲得什麼情感支持。

儘管責任感讓娜塔莉覺得自己很重要，但同時，她也感受到孤獨、沒人愛。越是感到失落，她越是努力地照顧父親，以此對抗被拋棄的感受。如果她能讓爸爸好起來，全家人的生活也都會好起來。娜塔莉知道，只要她做得夠好，爸爸就會愛她。

娜塔莉就像在玩紙牌遊戲時，拿到一手爛牌。不僅要用稚嫩的肩膀挑起成年人的重擔，還試圖拯救一個自我放棄的成年人，這些任務顯然遠遠超出小娜塔莉的能力範圍，可憐的孩子註定要失敗。

解決不了父親的問題，讓小娜塔莉深感自責。就這樣，童年的內疚一直伴隨著她成年。

多年以後，當娜塔莉拿出大筆金錢幫助里克，而里克仍然指責她付出得不夠，這喚醒了她內心深處的自責感。里克的抱怨讓娜塔莉感覺自己似乎被拋棄了，她處理這種感受的方式和小時候一樣：拿出更多錢，付出更多關心，做出更多犧牲。

## ‧「為什麼我總是愛上問題情人？」

在為娜塔莉進行心理諮商的過程中，我得知里克並非娜塔莉遇到的第一個需要拯救的「問題戀人」。她的前夫是酒鬼，而且她大學時差點和一名憂鬱症患者結婚。回想起過往的幾段戀情，娜塔莉開始意識到，她總是愛上需要拯救的男人。

柯克也是如此，總是受到「問題戀人」吸引。柯克以前酗酒，現在正在戒酒，他的戀人蘿麗塔酗酒又吸毒。蘿麗塔一次又一次地離開他，只有在需要錢或容身之處時才來找他。兩人的相處模式正是他過去所有感情關係的翻版。跟娜塔莉一樣，柯克發現自己是重演童年歷史。

**柯克**：即使我是小孩，也明白我媽媽誰都不愛。她自言自語，忽然生氣地丟東西，抓到什麼就丟什麼。她指責有人偷她的東西，覺得所有人都與她為敵。她頻繁進出醫院，然而只是浪費醫療費罷了，她的狀態還是每況愈下，這真的讓人很難接受。我依稀記得，很小的時候，媽媽常常唱歌給我聽……那時候我們總是很開心。但是我十歲時，她好像忽然變了個人。唉，講起來真傷心，我眼睜睜看著她的狀況越來越差，到了無法自理的地步。所以爸爸只好請看護。到了週末，我就是看護，爸爸得做他的研究工作或是忙其他的事。我得陪著媽媽，哄她吃飯。我常常把藥塞在食物裡，因為她認為那是毒藥。有時候她把餐盤掀翻，我就得打掃乾淨。最困難的就是讓她平靜下來。她總是疑神疑鬼，以為有敵人來了，不停地要我檢查所有門窗，我向她保證沒有人進來，但是十分鐘後，她又開始恐慌。我試了所有能想到的方法安撫她，她的憂鬱症還是越來越嚴重，這真他媽的讓人崩潰。

長期照顧心理狀態嚴重失常的母親，不僅讓柯克學會當一名拯救者，而且對混亂失序的容忍力越來越強。他人生中最早接觸的愛是混雜著高度焦慮的，他開始把愛與內外交迫的感受連結起來。

多年以後，蘿麗塔自暴自棄、反覆無常的行為，更打亂了柯克原本便不平靜的生活，也攪亂了柯克的心，深藏在他潛意識裡關於愛的感受浮出水面。再加上蘿麗塔看起來麻煩不斷，這太吸引柯克了，他無法不去拯救蘿麗塔。他試圖拯救蘿麗塔，好為過去拯救不了母親的經歷畫下一個象徵性的勝利句點。

在認識蘿麗塔之前，柯克的愛情之路一直都是這麼挺過來的。

**柯克：**蘿麗塔不是第一個，之前我跟過三個女人，或者說三個女人跟過我，看你從哪個角度來看。每次都差不多，我徹頭徹尾地失敗。我盡力讓自己遠離是非，從不惹事，也沒想過要自殺，但我總是管不住自己，愛上一個又一個自我毀滅狂。現在是蘿麗塔，我知道無論從哪方面來看，她都不適合我，我不該再和她糾纏下去，但我就是放不下。

在愛情中，柯克是象徵性地拯救母親；在潛意識裡，他相信若能解決眼前戀人的問題，也就能克服小時候留不住媽媽的無助。

就像柯克對待娜塔莉，「救世主戀人」小時候認為父母身上的那些問題是阻礙，害他們得不到愛。長大後，為了重演兒時的抗爭，他們很容易被「問題情人」吸引，其他正常人反倒滿足不了他們的需要，扮演不了他們的問題父母。

儘管「救世主戀人」重演抗爭的方式如此奇特，動力還是來自被拒絕的痛苦，就像所有執迷者一樣，他們都有「連結強迫」的傾向。

## 「高度戲劇化」的需求

來自混亂家庭環境的執迷者——確實，大部分都來自這樣的家庭——在耳濡目染中，將愛與「高度戲劇化」做了連結。我說的「高度戲劇化」是指一種混亂的感情狀態：壓力、煩擾、不可預知、刺激、嫉妒和愛，這些亂七八糟的情緒不可救藥地雜糅在一起。成長於這種環境的執迷者，在成年人的愛情中重演兒時的悲情戲，總是重現熟悉而高度戲劇化的焦慮。

正如瑪格麗特所說的。

**瑪格麗特**：回想我做過的那些瘋狂行為，真是太誇張了。但我媽就是這樣對我爸，他們常常打架，氣氛很緊張，在我的印象中是這樣的。他們像演戲一樣大吼大叫、聲嘶力竭、大打出手，隨後又如膠似漆。我媽對我也是如此，而我也這樣對菲爾，這是保持激情不退的方法。事實上，他開始找別的女人，我確實很受傷，但這種痛其實很刺激，這是我對他的激情的一部分，時好時壞，不是飄在雲端，就是跌入谷底，但是我告訴你，我從不厭倦。

持續追求菲爾的過程中，瑪格麗特感覺自己生活在懸崖邊緣，似乎還是過去那個小女孩。詭祕的午夜跟監，令人難堪的電話騷擾，充滿懸念的忽然造訪，偶爾乾柴烈火的纏綿，發現對方移情別戀的痛苦——多麼灑狗血的劇情！這才是真愛！還能更火爆一點嗎？成年人的感情中如果沒有了狂熱的焦慮，執迷者覺得就像是洩氣的輪胎，失去了激情，好像愛情已變得黯淡。

「焦慮」是高度戲劇化的泉源。儘管焦慮讓大多數人感到不舒服，但是對於執迷者來說，那就像一道電磁波通過神經，感覺有如搭乘情緒的雲霄飛車般驚險刺激。

## 為什麼「非這個人不可」？

一心重演兒時悲劇，使得執迷者在心理上的「視野」非常狹窄，因為他們將戀人當成象徵性的父母，而父母是不可取代的，他們看不到其他選擇，弱水三千，只取一瓢飲。

瑪格麗特相信菲爾是自己唯一的精神支柱，非他不可。即使後來她屈辱地發現菲爾有了別的女人，也無法放手。

**瑪格麗特：**我覺得自己掛在懸崖上搖搖欲墜。我怎麼能鬆手呢？若不緊緊抓住菲爾，我就會粉身碎骨。

治療團體的其他成員問瑪格麗特為何不試試和別人約會，她的回答是，她甚至沒考慮過這個可能。我一點都不覺得奇怪，畢竟菲爾已經被她當作象徵性的父母了，就像二十七年前，她從沒想過要換個父親，現在她也不可能想像去換個戀人。

如果你把戀人當成父母的替身，還在延續童年時絕望的抗爭，就像叢林中的那個小女孩，還在拍打著父母的門，你的生活就是陷入了一場戰爭。為了得到你一直渴望、唯一能讓你感到幸福的理想愛情，你拚盡全力。但是，在你極力想要填補內心的空虛時，你畫地為牢，變成了「連結強迫」的囚徒。

我向你保證，你可以解放自己。接下來的這一章裡，我將告訴你怎麼做。

# 第九章
# 展開你的療癒之旅

進行諮商時，每當聽到執迷者將令他們極其沮喪的感受稱為「愛」，我都感到吃驚。多麼辛酸的諷刺！他們感覺自己像溺水的人，快要崩潰了。他們無法思考，他們恨自己現在的模樣，他們迷失了自我，他們害怕自己忽然大哭起來或者忽然發火，他們覺得自己正走向瘋狂，他們擔心自己再也回不去正常的生活軌道。

這樣的感受不是愛，而是「執迷」。這些案主描述的不是愛情，而是一種正在經歷的情感危機。

但是，危機也可能是轉機。「危機」由兩個字組成，完美地詮釋了我要表達的意思：「危」指「危險」，「機」可以理解為「機遇」，這兩個字的組合正說明了危機的雙重涵義。這是一種深沉的智慧，讓我們換一種眼光來看待執迷戀情。很顯然，執迷威脅到你的身心健康，但是這種危險是獨一無二的警鈴，足以警示、提醒你：是時候要改變了。這份警醒給了你重獲自由的機會。

## 希望滿懷的療癒之旅

執迷是可以被治癒的。也許你正為一段已逝的戀情悲傷不已；也許你仍在苦苦糾纏一個不喜歡你的人；也許你明知自己的執迷快要毀了這段戀情，還在笨拙地挽留。儘管療癒之旅並不容易，但我向你保證，如果你願意聽取我的建議，痛苦會減少，你會慢慢地平靜下來。

我們將要攜手踏上一段重要的征途，一起打破舊日桎梏，驅散往日陰影。在這個過程中，我將指導你做一些特殊的練習、教給你一些技巧，用來幫助你擺脫執迷，或者至少能在一定程度上控制自己。

這段療癒之旅的第一步，我們將要分離並辨認你的「執迷想法」、「執迷感受」與「執迷行為」，如此你可以看出三者是如何交互作用的。然後，我們進一步對它們進行實際控制，有了基本控制之後，接著深入你的童年經歷，探索執迷的根源。最終，你將走上全新的生活道路，獲得真正的愛情。

當然，這些需要你拿出足夠的時間、精力、勇氣、決心和耐力，去打敗執迷心魔。不過，這些練習和技巧幫助了我很多的案主，我知道對你一定也會有幫助。

## 寫在療程開始之前

我經常被問到，書中提到的治療方法能否在沒有專業指導的情況下運用。你當然可以自學行為和溝通策略，對於大部分人來說，這些已經足夠幫助你克服執迷傾向。但是，如果你有週期性的憂鬱症、嚴重焦慮、自殺衝動、飲食或睡眠障礙、心理問題造成的生理失調或者暴力傾向等等，就必須結合專業的心理輔導和醫學評估來使用本書。

另外，一些執迷者在戀愛關係之外，還有其他執迷行為。如果你正以吸毒或酗酒來舒緩情緒問題，那麼在開始進行本書提供的療程之前，請務必先戒毒、戒酒。酒精和毒品會削弱你的判斷力和認知力，嚴重破壞你有效處理執迷行為和執迷想法的能力。如果你正在與毒癮和酒癮奮戰，那麼建議你盡快尋求戒酒無名會等機構協助，他們提供的「十二步驟計畫」能夠提供你很好的幫助。

本章中，我向你提出的一些要求，有些可能會引起你的抗拒，有些對你來說又太單調和耗時，還有的可能會讓你感到不舒服。但是我只能假設，如果你拿起這本書已經讀到這裡，說明你已經決心要做出一些改變，棄絕有害的行為模式。我並不能保證你做了本書的練習後，就一定能拯救你的愛情，但從長遠來看，可以拯救你自己。

## 轉移你的注意力

大多數前來諮商的執迷戀人，都希望我能幫助他們挽回情人。他們希望我能夠「修正」他們，讓他們變得更可愛，更讓他們「唯一的完美情人」喜歡。不幸的是，這其實是跑偏了方向。我們的目的不是讓你的前任回頭，而是讓你自己懸崖勒馬。

**如果你想擺脫執迷的痛苦，那麼你必須把注意力從你的戀人身上，轉移到你自己身上。**

直到現在，你一直把自己的感情寄託在戀人身上，如果對方接受你，你就高興得上了天堂，對方要是拒絕你，你就痛苦得墜入地獄。這種責任的錯置對你的戀人是不公平的，對你自己也不公平。將注意力放到自己身上，你開始對自己的心理健康負責，而且你理應如此。別介意你會太過於關注自身，為了把注意力轉移到自己身上，這是你所必須經歷的一個階段。我想要你全力以赴地找回錯位的尊嚴、自信、自我價值感，以及好好戀愛、享受愛情的能力。

再說一遍，請不要抱著重新追回戀人的目的來做這些練習。如果你做出了改變，戀人重新回到你身邊，那再好不過。假如沒有，那麼你所做出的這些努力能夠讓你平靜下來，以全新的方式迎接新的戀情，或者即使沒有戀愛，也能好好生活。對於你來說，最大的勝利就是重新發現自己的價值。

## 放輕鬆，慢慢來

在療程的前兩週，我不會阻止你去見戀人，或者禁止你去想對方。事實上，我甚至不會干預你的任何執迷行為。

我知道對你來說，考慮要放下執迷是多麼可怕的事情。也許，你害怕一旦放棄執迷，愛情也會放棄你。在大多數執迷者看來，執迷和愛是相互依存的，他們很難把兩者分開來考慮。欲速則不達，所以我們避免直奔主題，相反地，我們循序漸進，採取緩慢、小心，而且盡量減少痛苦的方式展開療程。

## 為自己寫下「執迷日記」

在開始著手從執迷的念頭、感受和行為中逃脫之前，你應該釐清它們是如何影響你的。要釐清這些，第一步要做的就是為自己寫下「執迷日記」。

船長總是最清楚航海日誌的價值，記錄潮汐規律、天文觀測、羅盤讀數、航向變動、氣象條件、船員行為……一應俱全。如果偏離了航道，航海日誌可以幫助船長確定是哪裡出了問題。

為了幫助你評估自己的生活「偏離航道」至何種程度，我要你連續幾個星期記錄下自己的執迷模式。這些記錄能夠向你揭示，你的內在是怎麼樣讓你越來越糟糕的。

「執迷日記」能夠迫使你以更客觀的視角，去看待自己的所作所為。日記讓你像一個觀察員，旁觀自己的生活，讓你漸漸地與你的執迷拉開距離。你開始從混亂的生活狀態中一步步撤退，一旦離開風暴的中心，你就能夠意識到沒必要為之消耗，生活還有另一番風景。

## 如何寫「執迷日記」

「執迷日記」的形式很簡單。無論是否涉及你與戀人的接觸，你的執迷行為都是由你對於對方的強烈情感驅動的。每當你滿心都是對方或者與對方接觸時，我想要你記錄下來。

如果戀人只是在腦中一閃而過，那就不必記下來了。但是，如果你不停地想著對方，對方在你腦海裡揮之不去，或者你為此感到焦慮，就要重點式地記錄下來。

每一條記錄將包括日期、時間和六個問題的答案：

1. 是什麼觸發這個想法的？＿＿＿＿＿＿
2. 我想了些什麼？＿＿＿＿＿＿
3. 我有什麼感受？＿＿＿＿＿＿

4. 我想要做什麼？________

5. 我做了什麼？________

6. 結果怎樣？________

你的答案長篇大論也好、寥寥數語也行，長短不重要，重要的是你記錄了自己的想法、感受和行為，這樣以後你可以清楚地反觀自己。

有的人隨身帶著日記本，走到哪裡，寫到哪裡。還有一些人每天傍晚拿出來半個小時，根據回憶，或者是白天隨手記的便箋來寫日記。不管你採用哪種方法，堅持認真地記錄就好。

對於許多人來說，堅持寫日記聽起來像是一件艱難任務，尤其是如果你滿腦子都是戀人，會覺得自己沒有精力做其他的事。還有一種可能，要是你情緒非常低落，也很難提起精神來寫日記，你寧願蜷縮在床上蒙著頭，什麼都不做。

但是，堅持寫日記會讓你感覺好些。如果你想逃出執迷的魔咒，為了你自己，你必須願意奮起一搏。

## 理解日記裡的六大問題

每一個問題都涉及執迷的一個面向，以及它對你生活的影響。因為每一個問題所涉及的面向，彼此之間都是緊密相連的，所以很容易混淆。透過堅持寫日記，你能夠學會區分執迷的想法、感受和行為。區分執迷的各個面向有助於你清楚地理解，你需要著手控制自己的執迷方式。

回答日記問題時，你需要記住：

**1. 是什麼觸發這個想法的？**

要回答這個問題，你必須知道什麼是你的「觸發點」——那些特殊的情景、聲音、味道、感覺、地點，以及那些容易觸動你心弦，讓你想起對方的事情。觸發點可以是一段情意綿綿的旋律、飄過的香水味、一家喜愛的餐廳、一天中的某個特別時段、一部浪漫的電影、響起的敲門聲、日曆上的紀念日、一張照片、欲望的萌動、戀人送給你的禮物……任何讓你想起對方的事物。

**2. 我想了些什麼？**

這個問題聽起來比實際上更容易，因為當你開始想對方，可能一想就好幾個小時，關鍵是，你得試著把那些複雜的想法凝縮成幾個句子。無論涉及回憶、幻想、希望還是念頭，可以具體點（「我記得他用那個咖啡杯喝香檳」），也可以籠統些（「好想知道她在幹麼」），隨你喜歡。

## 3. 我有什麼感受？

我們常常用一、兩個詞就能描述自己的感受：「開心」、「悲傷」、「生氣」、「自責」、「愛意」、「嫉妒」、「性感」、「焦慮」、「興奮」、「狂喜」、「害怕」、「羞愧」等等。但是，感受本身常常並非如此簡單。人們常常百感交集，你可能一時生出很多感受。回答這個問題時，試著提醒自己完整地記錄下所有的感受。

## 4. 我想要做什麼？

想起戀人時，你總會想做點什麼。也許想去見對方，也許想大醉一場，也許想報復。不管你想要做什麼，都記下來。如果想做的事情，在你看來是不合理的或可恥的，那麼這個問題也許會讓你感到尷尬，請不要停筆，誠實地記錄下你的答案。

## 5. 我做了什麼？

回答這個問題時，請注意我們討論的不僅是你對戀人的執迷追求行為，你對戀人所思所感引發的所有行為都包括在內：吃了一大桶冰淇淋、開車到對方家前面監視、看了一場浪漫電影、埋頭工作，或者僅僅是盯著牆發呆。所有這一切，只要是受執迷想法和感受所驅動的行為，都記錄下來。

### 6.結果怎樣？

這個答案不只一個面向。如果你與你的「目標」有任何接觸，那麼首先，這個答案應該包括對方的反應：對方有沒有掛你電話？哭了嗎？報警了嗎？其次，還包括所有的現實後果：砸了對方的車、宿醉、無法工作等等。最後，你對自己做的這些事情有什麼感受：悲傷、羞辱、安心、憤怒……只要是你真實的感受。任何行為都會帶來外在與內在的雙重感受，我希望你能兼顧。

## 區分「想法」與「感受」

幾乎所有前來諮商的案主在第一次回答這些問題時，都會感到困惑，因為就像我們大多數人一樣，他們有時候很難將「想法」與「感受」區別開來。

在我們的意識裡，想法與感受緊密交織，兩者之間的界線往往並不明確。不過，有一個簡單的方法可以區分兩者。聽起來也許像智力訓練，但只要看過我其他書的讀者都知道，我認為想法和感受之間的關係是改變行為的核心因素。

我們大部分人通常容易犯同一個錯誤：在描述想法時，說出來的其實是感受。我們經常這麼講：「我覺得這部電影太長了。」但這不是感受，而是想法。真正的感受是，這部電影讓人覺得厭煩、無聊、失望。

與感受的表達方式不同，我們通常會用「完整的句子」來表達想法。想法是用來表達主意、觀念、意見等等。為了更清楚地說明這點，我從一些執迷戀人的話語中，挑選一些例子供大家參考：

- **「我覺得我的戀人總是言不由衷。」**
**【想法】**我的戀人總是言不由衷。
**【感受】**焦慮、害怕、不安。
- **「我覺得我們會共度餘生。」**
**【想法】**我們會共度餘生。
**【感受】**希望、激動、快樂、愛。
- **「我覺得我的戀人看上別人了。」**
**【想法】**我的戀人看上別人了。
**【感受】**害怕、嫉妒、生氣、羞辱。

在日常交流中，想法與感受的區別並不算特別重要。但是，當你的想法和感受成了執迷的一部分，而且你想重新回歸正常的生活軌道，那麼你就必須把「想法」與「感受」釐清、區分開來。

## 解析自己的行為

如果你發現自己在回答**「我做了什麼？」**這個問題時有困難，那麼很可能你的行為是被動的。有些執迷行為很顯然是積極、主動的，比如電話騷擾、守在車上監視、跟蹤等等；還有一些執迷行為雖然不那麼張揚，但也屬於主動的，像暴飲暴食、吸毒或酗酒。此外，還有被動、消極的執迷行為。

相較於主動行為的「壞事」，被動行為顯得「誤事」；相較於你做了些什麼，消極行為的特徵是你什麼都不做。消極的執迷者通常整天躺在床上，不跟朋友們聯繫，不工作，忽視自身需求。這樣消極、被動的執迷者往往患了憂鬱症。

你也許認為被動的行為根本不算是行為，但我要跟你保證它的確是。盯著牆一動也不動和不停打電話一樣，都是執迷行為，兩者都是執迷想法和執迷感受的具體反應，一樣危害著你的心理健康。

如果你是有被動行為傾向的執迷者，不要忽略你實際上做了些什麼，即使你只寫下「我睡了一天」。你會發現，隨著確實地關注自身的被動行為，你會越來越清楚地瞭解自己的狀態，你的日記也會寫得越來越得心應手。

## 「執迷日記」的範例

許多案主最開始聽到「寫執迷日記」這個建議時，都被嚇到了，尤其是寫下第一篇之前，萬事起頭難。諾拉就是最好的例子。

**諾拉**：我高中就討厭寫作文，現在也好不到哪裡去。我每天工作都很累，實在沒有力氣再做功課。我情緒很低落，筋疲力盡，回家後只想癱倒，哪來的力氣寫這種東西。

像很多人一樣，諾拉來找我諮商，是希望我能揮一揮某支神奇魔杖，讓她感覺好受些。然而事實上，沒有人能在每週一、兩個小時這麼短的時間內，解決如此重大的個人問題。就算我每天都能見到諾拉，在治療之外，她還有完整的生活。若她想要改變，那麼她必須著手把心理輔導的內容融入生活中。

我一點都不訝異她會說太累了，沒力氣寫日記。她將大把的精力都放在湯姆身上。但我向她保證，如果她試著開始寫日記，我們可以把那些浪費掉的精力轉化成正面的人生轉變。

我提醒諾拉，她不必鉅細靡遺，並非所有想的和做的都得記下來。每個人的「執迷日記」都不一樣，在細節和內容上因人而異。她只需要透過連續幾週寫日記，充分勾勒出自己完整的執迷模式。一番抱怨後，最後她同意試一試。過了一週，她帶來一疊紙。這裡有一些她的記錄：

**星期一，上午，八點二十分**
**是什麼觸發這個想法的？**電話響了。
**我想了些什麼？**可能是他。
**我有什麼感受？**期待、激動、緊張。
**我想要做什麼？**跟他說話。
**我做了什麼？**接了電話。
**結果怎樣？**不是他，是我媽。我莫名其妙地對媽媽發了一頓脾氣。

**星期一，上午，八點半（距上一次記錄十分鐘）**
**是什麼觸發這個想法的？**打電話的不是他。
**我想了些什麼？**我要聽到他的聲音。

**我有什麼感受？**失望。
**我想要做什麼？**跟他說話。
**我做了什麼？**打電話給他。
**結果怎樣？**我知道他會生氣，所以他剛接起電話，我就掛了。我覺得自己很沒用。

**星期一，上午，八點半～十一點**
**是什麼觸發這個想法的？**一想起他，我就再也停不下來。
**我想了些什麼？**他知道是我打的電話，他厭惡我的騷擾。
**我有什麼感受？**丟臉、傷心、絕望。
**我想要做什麼？**趴在床上痛哭一場。
**我做了什麼？**吃了冰淇淋當早餐。
**結果怎樣？**一整個早上我都在想他，上班了還在想。

你可以注意一下，諾拉的前兩次記錄和第三次記錄有明顯區別。前兩次記錄提到了具體發生的事情：電話鈴響勾起了她的期待，以及她打電話給菲爾的結果。第三次記錄則更籠統，寫下了她在一大段時間裡沉浸於對前男友的各種思念中，沒有具體事件描述。

諾拉說，用「一想起他，我就再也停不下來」來回答**「是什麼觸發這個想法的？」**這個問題時，她的感覺很不好，因為她覺得這樣回答不正確。我告訴她——我對所有案主都說過——這裡沒有對錯，別因為日記而焦慮，沒人會給你的日記打分數。

## 日記的形式不重要

諾拉的「執迷日記」很精簡，電影攝影師雷的日記則洋洋灑灑。儘管工作很忙，他很期待日記能幫助他戰勝執迷傾向，挽回凱倫的愛。

雷和凱倫前來諮商時，已經分居了兩個星期。儘管他們想做伴侶治療，但我決定讓雷提前接受幾個月的單獨治療，因為相對來說，他是執迷行為失控的那位。同時，我建議凱倫參加一個婦女支持團體，有助她學習劃定界線、清楚溝通和堅定、自信的態度。我向他們保證，他們先分別處理好各自的問題，然後再來一起諮商會事半功倍。他們都答應了，並立即行動起來。

雷非常積極並很快開始寫日記。這裡摘錄他的一篇日記作為例子：

**星期天，早餐時間**

**是什麼觸發這個想法的？**咖啡的香味總是讓我想起凱倫，她煮的摩卡爪哇獨一無二。

**我想了些什麼？**我在想，要是這時候凱倫在我身邊，我會多開心啊！咖啡會更香醇，我能有人說說話，也許我們還能纏綿一番，我們過去常常一起讀週末報紙。我好想她，好想知道現在她在幹麼。她不會是和別的男人在一起吧？她那麼漂亮，是男人都不會放過這個機會的。要是她跟其他男人在一起，我想扭斷那個混蛋的脖子。我希望她在身邊。

**我有什麼感受？**我感覺很孤單，也很挫敗，因為我對現況無能為力。我覺得自己快瘋了，因為我無法控制自己的猜忌和怒火。我很生她的氣，因為她把我趕出家門，我沮喪極了。

**我想要做什麼？**我想去她的住處，去看看她，確定她是一個人，然後我們熱烈地做愛。

**我做了什麼？**我開車到她門前，看見她的車不在。

**結果怎樣？**我太沮喪了，無法像平時那樣上健身房，所以我回到家裡，悲傷地看球賽。

就算是聞到咖啡香味這種生活中的小事，也能點燃雷心中熱切的回憶和期盼，讓他跑到凱倫的住處，最後落得一整天鬱鬱寡歡。

雷在早上喝咖啡時，記錄下當時的感受；但是開車前往凱倫的住處時，無暇顧及日記，後來他又補寫了剩下的部分。只要能把訊息完整記錄下來，這樣分段寫日記的辦法也很好。

雷有時仍然跟凱倫在一起，也就是說，他和諾拉不同，他是在和戀人仍有接觸的基礎上寫日記的。例如以下這篇：

**星期四，晚上**

**是什麼觸發這個想法的？**我們準備共進晚餐，一早醒來我就開始想這件事。**我想了些什麼？**我很擔心到時候她心情會怎樣。我花了二十分鐘挑選襯衫，滿擔心自己在她眼裡的形象。

當我們出去時，我一直以為她在看餐廳裡的其他人。我東拉西扯地閒聊，其實真正想問的是晚餐後，她願不願意跟我回家。但我沒說出口，因為我擔心這樣會給她壓力，惹她生氣。我不知道該怎麼做才好，因為我們現在都還在治療中，我不確定規則是怎樣的。她看起來不大願意去我那裡，晚餐後，要我送她回去。我無法不去想，她不願意跟我睡，一定是因為不愛我了。

**我有什麼感受？**我覺得緊張、不安，因為情況在變化，而我不確定是否有好轉。我很害怕失去她。我覺得自己像個窩囊廢，因為我束手無策。當她不願意跟我回家時，我覺得自己被拒絕了，我很生氣。

**我想要做什麼？**我想要勸她跟我回家。

**我做了什麼？**我試著勸她跟我回家。

**結果怎樣？**她發怒了，我覺得自己像個笨蛋。

你也許注意到了，雷將一整晚的經歷都寫進一篇日記裡（也是先寫開頭，另外再完成後面的內容）。諾拉則完全不同，她把一件事情拆成三篇日記來記錄。你可以選擇自己喜歡的方式，只有兩點必須做到：

1. 努力區分並辨認你的想法、感受和行為。
2. 就算感到尷尬，也請鼓起勇氣，真實地記錄下自己的行為。

這個時候，只要「寫下來」，不要試著去分析或解釋，以後有的是時間去做這些。重要的是，你要心無旁騖地記錄，不要去想別人會怎麼看、怎麼說，讓自己不自在。你越是不去分析，就越能客觀地如實記錄。

這份「執迷日記」是專門給你自己看的（或是與你的心理師一起看），所以你不必隱藏。一開始你可能會抗拒，但一旦克服了抗拒心理，會發現這份日記就是你需要做出改變的藍圖。這份藍圖設計得越精確，修改起來就越輕鬆。

# 第十章
# 擺脫執迷愛戀

要擺脫執迷之苦，只有一條路可走：關閉「執迷系統」。這個系統有三大組成部分：「執迷想法」、「執迷感受」與「執迷行為」。這三個部分相互維持，相互供養，就像一臺機器的齒輪，若讓一個齒輪停止運作，其他的不可避免也會跟著停下來。

執迷系統的各個組成部分之間相互聯繫、相互依賴，其間相互的影響是可預見且反覆的。

**「想法」觸發「感受」→「感受」驅動「行為」→「行為」引起更多「想法」……如此無限循環。**

要終止你的執迷系統，先把重點放在改變你的「執迷想法」和「執迷行為」。你也許疑惑為何不直接從執迷感受著手，我當然不是小看感受的重要性，但是過去這些年，有很多案主都認為在療癒之旅開始前，他們需要感覺有力量一些，少一點焦慮。換句話說，他們把感受當成了藉口，因為自己覺得不好受，所以該做的事情都被擱置了。

事實上，這趟療癒旅程會讓你感覺到更強大、更平靜。當你改變了想法和行為，執迷感受作為執迷系統的一環，也會隨之發生改變，只需要耐心。接下來的第十一章和十二章，我們有足夠時間去深入處理你的感受。

前兩週你投入寫「執迷日記」的每一分鐘，現在都開始帶來回報。你的日記，可以幫助你理解自己的執迷系統是如何運作的。坐下來，好好地讀一遍你的日記。

好好關注一下，你的日記中，**「我想了些什麼？」**這個問題的答案是如何引發了你的感受，即**「我有什麼感受？」**這個問題的答案。

再看看，這些感受是怎樣驅動你的行為，也就是你對**「我做了什麼？」**這個問題的回答。最後，想一想這些行為是如何給你的生活製造了難題。透過回顧**「結果怎樣？」**這個問題的答案，你會發現執迷行為並非獨立存在，而是會有後果的，這些後果通常對執迷者和他們的「目標」都造成危害。

一旦你從日記裡看出執迷系統的內部運作機制，就可以著手拆解它了。

## 放自己一段「情感假期」

執迷的行為模式就像一場曠日持久的心理風暴，讓你迷失自我。若想重獲情感平衡，你得逃出這場風暴，所以我要你拿出勇氣來行動，從你的執迷行為和執迷想法退出一段時間。這就是我說的「情感假期」：在一段時間內離開你的戀人，停止你的執迷追求。在這段時間裡，你只關注自己，學一些控制執迷模式的技巧，現實地看待你的處境。

我知道，如果你還處於戀情中，要你離開戀人一段時間，聽起來令人恐懼，這也是為什麼我只要求你離開兩週。我還會給你很多建設性的感情和認知練習，幫助你找到暫時離開的勇氣，填補這段時期你可能會感受到的空虛。

不要指望短短兩週時間，你的生活就能從內到外宛若新生。透過中斷這種自我挫敗模式，你將開啟一系列細微的正面變化，最終將引導你走出毀滅性的迷宮。

### ‧「怎樣都行，除了這件事！」

對於案主們而言，要他們離開戀人或者放棄追求前任，哪怕只是一小段時間，也是不敢想像的。叫他們暫時離開，還不如叫他們暫停呼吸。

多年以前，有個酒鬼來找我求助。他悲嘆自己太慘了，妻子離開他，孩子們也跟他斷絕往來，他丟了工作，花光所有積蓄，不幸的是肝臟又出了問題。當我告訴他，首先要戒酒，他的回答是：「怎樣都行，除了這件事！」——做什麼都可以，除了最需要做的事。「怎樣都行，除了這件事！」這些年來，當我提出讓感情「放個假」時，上百個執迷戀人都這樣回答過我。

瑪格麗特一想到要整整兩週聽不到菲爾的聲音，也看不到他，不知道他在幹什麼，她就很恐慌。瑪格麗特和戀人菲爾的關係只剩下性了。

**瑪格麗特**：我什麼都聽你的，但是別要我不去看他。我都已經感到他漸行漸遠了，我好怕要是我去「度假」，兩個星期後他就真的不在了，我承受不了。

**蘇珊**：我不確定你和菲爾的感情還有沒有挽回餘地，但是如果有，那麼唯一的機會就是放下你的執迷。要是你們的關係連兩週的分離都度不過，那分手也是早晚的事。你必須放下你的執迷，給自己的感情留條活路，以免到時候承受不了。不管怎樣，你沒有什麼損失，除了損失很多痛苦。

會談末了，瑪格麗特的抗拒漸漸鬆動。這次的情感假期將成為她人生中的重要轉捩點。

## 「救世主情結」執迷者的兩難

相較於其他執迷者，「救世主」在計畫給感情放假時，還有額外的顧慮──戀人非常依賴他們。柯克很擔心如果扔下蘿麗塔兩週不管，她很可能活不下去。

**柯克**：要是我回到家時，發現她已經死了呢？那我該怎麼想？我的意思是，要不是我，她早就流落街頭了。

**蘇珊**：那你就準備好下半輩子一直守著她吧，因為你不是在幫助她，而是在縱容她繼續沉淪。你能夠得到的資源，她也能得到。你能夠戒酒、戒毒，她也應該做到。除非她自己想要幫助自己，否則你幫不了她。你要對自己負責，也應該放手讓蘿麗塔對她自己負責，就這麼簡單。

**柯克**：可是我做不到。

**蘇珊**：除非你這麼做，否則我幫不了你。

我最後那句話讓柯克感到非常吃驚。「救世主戀人」常常如此，柯克希望我能夠讓他好受些，同時准許他繼續拯救他的問題戀人，但我可不願成為他和蘿麗塔相愛相殺的幫凶。如果柯克想要感覺好受一點，那麼他就必須打破這個讓他如此難受的執迷模式，其中最大的問題是，他把自己和蘿麗塔的問題綁在一起了，而這些問題根本不是他有能力解決的。

我所說的，柯克都能明白，類似的話他在戒酒無名會裡也沒少聽。但在真實生活中，要做到，並不容易。

柯克答應，在找到一種既可以離開蘿麗塔一段時間，同時又不放棄對她負責的方法之後，他再展開情感假期。他找到了一個折衷的辦法，勸蘿麗塔回母親家住一段時間。儘管他不願放棄守護蘿麗塔，但這個解決方法至少能給他的情感假期一個開始，而且在療程的開端，需要他這麼做。

## 規劃你的情感假期

情感假期的規劃應該視情況而定，根據你和戀人或前任之間聯繫的程度而變化。

如果你和戀人目前住在一起，或者已經結婚了，很顯然你離開兩個星期會比較困難。但你還是得告訴對方，你準備給感情放個假，並且要想辦法做到。有些人住進親戚或朋友家，還有一些人搬進汽車旅館，你也可以真的給自己放個假，出去旅行，只要你願意在旅途中抽出時間做我給你的練習。如果戀人正住在你的房子或公寓裡，你可以自己不走，請對方搬出去兩個星期，這取決於你了。但是，總之你有責任找個辦法和你的戀人分開。

不管你是與戀人住在一起，還是定時去看對方，抑或只是偶爾見面，你需要簡短但堅定地，向對方解釋三個要點：

1. 你意識到你們的感情已經出了問題。
2. 你需要兩個星期的時間去清醒一下，做出一些決定。
3. 讓你的戀人明白這件事情對你很重要，請對方這兩個星期不要聯繫你。

你可以當面講，也可以打電話，還可以寫便箋或寫信，只要能把訊息傳達給對方，什麼樣的方式都行。然後，接下來的兩週你必須進入「戒斷期」，不能與對方有任何形式的聯繫。

你可能很容易落入一個陷阱，幻想著自己忽然離開或許能重燃戀人的興趣——你要小心，避免有這種念頭。這次的情感假期不是玩欲擒故縱的遊戲。兩週情感假期的目的，是關注你自身的成長和轉變。要是你沉浸於漫無邊際的幻想，假想戀人或許因為孤獨而思念你，就無法集中精力做你必須做的練習。

事實上，大部分執迷者的「目標」都會如釋重負。另有些「目標」會支持，有的「目標」不置可否，還有一些目標（尤其是「救世主」的目標）會激烈反對。但是不管戀人如何反應，不要為此動搖你的決心。假如戀人試圖說服你不要這樣做，跟你保證兩人可以一起解決你的問題，你必須堅持自己的決定，自己完成這個任務，為你自己，依靠你自己。

有一些情況下，兩週的分離簡直是不可能的——雙方可能有孩子需要照顧，可能有經濟上的侷限，還可能存在醫療難題。如果確實無法考慮分離，我們在本章接下來要做的功課

**也能起作用**，只是這樣會很困難，也很耗時。當你和戀人還在接觸時，你極難解開執迷情結。在你試著把感情騰空時，「目標」就在身邊，一舉一動、一顰一笑都在你眼裡，你很難不受影響。

如果你不能離開，那麼可以確定的是，必須尋求專業的心理輔導，幫助你克服戀人近在眼前的難題。但你要仔細考慮自己的處境：你確定是因為現實條件不允許你離開，而不是在找藉口？

許多時候是「目標」告訴你不想再見到你，或者你的「目標」直接一走了之，這對你當然容易得多，不用費心思去琢磨怎樣告訴對方你想要消失兩週。然而事實是，雖然你們身體上已經分開了，但心理上你未必離得開。你還是需要一段情感假期來冷卻過熱的執迷機制。

## 要關閉執迷系統，先暫停「執迷行為」

儘管你按捺不住執迷想法，但是你可以用意志力暫停執迷行為。藉此可以得到讓情感呼吸的空間，藉由這個空間來練習控制自己的想法和感受。

我堅信要暫停執迷系統，首先要從執迷行為著手，因為行為是外在、具體而明顯的，是三個組成部分中最容易被辨認出的。你也許可以拒絕承認你的很多想法是執迷的，但是明明知道對方很惱火，還去守在人家的家門口，或者沒完沒了的電話騷擾，你恐怕很難自欺欺人了。

在你能夠停止執迷行為之前，要先確知到底哪些做法屬於執迷行為。借助你日記裡「**我做了什麼？**」的回答來辨認執迷行為，把它們列出來，注意其中的執迷追求手段和報復模式。

在此期間，你將暫停所有這些行為。接下來的兩週：

- **不允許**在未提前通知的情況下忽然造訪。
- **不允許**電話騷擾。
- **不允許**打了電話又掛上。
- **不允許**跟蹤、監視。
- **不允許**開車到對方門口監看。
- **不允許**寫信。
- **不允許**送禮物。
- **任何事情都不允許！**

如果你是一個被動的執迷者，也許不認為自己有這類公然的行為需要制止。對你來說，重點是要停止自我懲罰式的行為。若你藉由暴飲暴食、吸毒或者酗酒來減輕被拒絕的痛苦，那麼現在是時候去參加「十二步驟計畫」小組、支持性團體，或者尋求心理治療。

儘管看起來要控制執迷行為很難，但無論你的執迷行為是哪種類型，一旦選擇停止，你會發現自己重新充滿力量。如果願意，你可以選擇「非執迷」的行為，這很不容易，而且常常與你的渴望是矛盾的，但只要盡全力去做，你會為自己的強大和冷靜感到驚嘆。

## 執迷者的謬論：「我管不住自己。」

你的執迷行為並非真的超出了你的控制力，你只是那樣感覺罷了。認為自己管不住自己只是一種誘人的逃避方式，在這種藉口的掩護下，你以為不必為自己的行為負責。但在這個逃避的過程中，你丟棄了自尊、自信、快樂，以及發展一段健康感情的可能性。控制執迷行為的關鍵在於認知到不是你身上發生了什麼，而是你「選擇」了什麼。

**「執迷行為是自己的選擇」**，這個觀念對許多執迷者來說難以接受。很多案主這樣描述他們的執迷行為：「等我回過神來，才發現自己做了什麼。」「我簡直不相信是自己做的。」「我試著控制自己，但我做不到。」「我覺得自己被什麼控制了。」「對此，我無能為力。」

以上這些說法的基本論調就是：他們無法選擇，那純粹是衝動行事，好像他們完全不在狀況內。但是，大多數執迷行為並非衝動。某些人一怒之下不經思考就砸了盤子，這是衝動。一個正在節食的人，反射性地從甜點盤抓了一塊餅乾塞進嘴裡，這是衝動。衝動行為是突然發生的，沒有、或者很少經過思考的行為。

另一方面，大多數的執迷行為是深思熟慮之後的產物。一開始的衝動在付諸行動前，往往已經在執迷想法中醞釀良久。這是一個關鍵性的區別：若你在做一件事之前經過思考，那就不是衝動行為，你是「選擇」了這種行為。當你思考後再行動，那麼當時至少有兩個以上的選項擺在面前，就算你以為自己別無選擇。

還記得諾拉說她為了不讓湯姆認出自己，租車去湯姆家門口守著的事情嗎？當我告訴她，是她選擇這麼做的，她不相信。

**諾拉**：我什麼都沒想，就去做了，就像我是個木偶，有誰在牽著我的提線。

**蘇珊**：我知道你感覺是這樣的，但是讓我們來看看你做了些什麼。如果你是一時衝動，那你應該立刻開車過去，但你沒有那麼做——你考慮了萬一被湯姆認出來會有多難堪，你選擇不開自己的車，然後你選擇離開自己家，你又選擇了去租車公司，選擇了花錢租一輛車，你選擇填寫租車申請表，你選擇開著租來的車去他家門外。而且後來你又多次選擇做這樣的事情。這些都是你選擇去做的，在這個過程中的任何一個時間點，你都可以選擇停下來，而在衝動行為中不可能做到。每一次在思考做什麼時，你沒有意識到同時也給了自己一個「不做」的選擇。

諾拉和很多執迷者一樣，必須拋棄那種認為自己面對執迷毫無招架之力的謬誤，停止為自己的行為找藉口。事實上，當她意識到自己有各種選擇後，她開始越來越傾向於健康的選項。

## 如何改變你的執迷行為

當你意識到自己有選擇，便是開始與自己的執迷系統奪取行動控制權。為了幫助你繼續推進，我將教你如何中斷你的那些執迷模式。如果每天運用這些策略，對你奪回自己生活的控制權大有幫助。

### 對你的「行為小孩」做出警告

你的行為就像一個調皮搗蛋的小孩，你得警告他：不准再沒規矩了！而且你得給他劃出一條嚴格的底線，讓他清楚地知道到哪裡該停下來。別怕數落他那些問題行為，因為你所有的麻煩都是他造成的。我希望你對自己的行為做出警告，就像對付一個不聽話的孩子，詳細說明他對你造成的混亂，給他設定底線，說出你對他的期望。

做這個練習時，你得空出一段時間，找個安靜的地方，把手機關掉一下，在你對面擺上一張空椅。想像你的行為是一個不聽話的小孩，現在正坐在那張椅子上。想像你是這個孩子慈愛而堅定的父母，孩子到處惹麻煩，你實在忍無可忍了，你準備對孩子說些什麼？

我永遠也忘不了那天安妮做這個練習的情形。髮型師安妮為了阻止戀人約翰離開，砸毀自己家。後來約翰斷絕了跟她的所有聯繫，她吞下一整瓶止痛藥，打電話告訴約翰，希望他去救她，但他只替安妮叫了醫生。

當我第一次要安妮對著她的「行為小孩」講話時，像許多人一樣，她很難對一張空椅認真起來。但是打開話匣子後，她越來越投入，痛斥「壞孩子」過去都對她做了些什麼。講到她曾經試圖自殺的事情，她站了起來，指著那張椅子，像一個指責犯人的檢察官一樣。

**安妮**：你知不知道，你差點要了我的命！我簡直不敢相信。我在醫院醒來，都不知道怎麼到這鬼地方的……我是進監獄了？被綁架了？……我完全傻了。閨密來看我，她說約翰打電話給她，因為他無論如何也不想再跟我糾纏了，我羞愧得快要死掉，這都是你的錯！但是現在一切都過去了，我不會再讓你得逞，再也不讓你丟我的臉！從現在開始，你得聽我的！不准再傷害我，不准再砸東西，而且接下來的兩個星期，你不准再拿起電話找約翰，你不准再開我的車去他家門口，你也不准再打電話給他的朋友打聽他在幹麼。你明白嗎?!

安妮說得那麼真切，讓我都有點期望那張空椅能開口回答了。我為她的信念鼓掌，而且向她保證，即使她沒有自己說的那麼勇敢，練習兩週後，她可以開始說到做到。兩個星期後，她再次來到我這裡，告訴我，她每天都坐下來跟椅子上的「小孩」重複她的原則，感覺自己比以前強了。

我建議你每天做這個練習，像安妮那樣。這個練習不需要花很長的時間，而且能夠強化你對自己的承諾，重要的是讓「你的行為」聽清楚什麼是你不會再容忍的——當你大聲地說出來，你內在世界受到的衝擊力將遠遠大於坐著空想。

## 運用視覺警示，化衝動為「選擇」

正如我們看到的，僅僅是「想一想」你打算做的事情，都能將衝動變成一種有意識的選擇。事實上，這就像在「衝動」和「行為」之間裝了一個開關，理想狀態下，這個開關應該配置一個警鈴，每當你衝動之下要做出執迷行為時，警鈴就會響起。當然現實中沒有這個裝置，但是你可以用一個看得見的提醒標誌來代替警鈴。

在我們的文化中，最有力的約束符號就是簡單的停車標誌。我們大部分人早已訓練有素，見到停車標誌就停車，每天開車都在做這個練習。所以接下來的兩週，我們要好好利用自己的「停車反應」，在四周貼上一些縮小的停車標誌作為「視覺警示」，每當你感到要衝動行事時，它們都會提醒你。

案主們發現這些停車標誌對於阻止執迷衝動非常有效。你可以用紅色簽字筆或蠟筆在便利貼上畫出停車標誌，然後貼在任何你可能做出執迷行為的地方。這通常意味著要把這些標誌貼在你的電話上、你的方向盤上、你的冰箱上、你的枕頭上、你的辦公桌上。接下來的兩週，每當看到停車標誌就要提醒自己，你已經做出承諾要停止執迷行為，並且想一想你正在做什麼。

這也許聽起來沒什麼，但是大量關於潛意識的研究顯示，視覺符號往往比語言對我們更有影響力。這些停車標誌將會幫助你將衝動轉化成選擇，提醒你，你確實有能力終止你的執迷模式。

## 找一個「情感之錨」

如果參加戒酒的成員感到需要支持或鼓勵，許多像戒酒無名會等倡議「十二步驟計畫」的組織，會為其指派互助同伴。當戒酒無名會的成員感到自己快要敗下陣來時，互助同伴就是火速前來救援的騎士。在對抗執迷愛戀的戰鬥中，這樣的策略同樣非常有效。

如果你有一個非常親密的朋友或家人，你對這個人足夠信任，願意向對方詳細吐露自己的處境，那麼這兩個星期請對方伸出援手——請這個人當你的「錨」，為你提供一個感情的避風港，避免你漂向麻煩的漩渦。

如果你正在參加「十二步驟計畫」戒癮，互助同伴也許已經擔當起你的「錨」了。你也許想問問互助同伴，能不能允許你找一個人當你的「錨」，幫你具體解決你的執迷關係。但是在多數情況下，互助同伴和「錨」之間有太多重疊，很難分得開。

你的「情感之錨」的主要任務是可以陪你說話，在那些你感覺自己撐不住了，快要做出執迷行為的時刻，找到對方，不管是當面說還是電話裡說都行。我知道，當你感覺內心的壓力已經無法承受時，不認為還有其他疏導的可能，在這種狀態下，不准你行動真是太難了。但是，如果想要打破執迷的循環，就必須停止這類傷人也傷己的行為。當意志力開始下滑時，打電話給你的「情感之錨」。

**當你把事情說出來，你就不大可能做出這些事。**

也許你不情願請朋友為你承擔這樣的義務，這個要求看起來或許太過分，取決於需要多大的力氣才能拉得住你。但是，願意提供支援的親朋好友出奇地多，他們很樂意協助。畢竟大多數人看到了執迷是怎樣的傷害你，他們願意幫你擺脫困擾。

有時候，男性執迷者很難找到「情感之錨」，因為他們已經社會化了，寧願把感情的事吞進自己肚裡。男人常常認為尋求幫助是懦弱的表現。很多男性案主因為缺少一個「情感之錨」，導致療癒之旅半途而廢。當然，「情感之錨」並不是必須要有，但是一位親密朋友或家人的支持，能夠幫你更輕鬆地走出執迷。

「情感之錨」的任務不僅是傾聽，還要盡最大努力說服你不要做出執迷行為。這就意味著，你必須把過去的執迷行為模式如實告訴對方，並且說明自己正在努力透過情感假期來掙脫執迷。

向你的「情感之錨」解釋，你擔心自己受不了誘惑，接下來兩週很可能還會重複一些執迷行為，請對方在必要時採取任何合適的做法，幫助你度過脆弱的時刻。

諾拉覺得很不好意思向她最好的朋友安妮塔求助，因為她剛跟湯姆約會幾次，就做出這麼荒唐的行為，讓她覺得很尷尬。

**諾拉**：起初我並沒有對安妮塔坦白，我知道她會說我太誇張，所以我很難請她當我的「錨」。但是，當我終於鼓起勇氣找她時，她並沒有很吃驚，我猜對於我剛剛經歷過的那些，她所瞭解的遠超乎我的想像。要是沒有她，我不知道自己怎麼度過那兩個星期。我記得第一個星期六的晚上，我真的很想開車去找湯姆，想知道他在哪裡，然後我打電話給安妮塔。她在電話裡勸了我一會兒，但似乎效果不大，所以她到我家，陪我看電視，一直跟我聊到半夜。當她準備回家時，問我能不能讓她把我的車鑰匙帶走，但是我真的覺得已經不需要了，談話已經撲滅了我的心火。

讓「情感之錨」陪伴自己，而不是到處找湯姆，這一夜的經歷讓諾拉體驗到抵抗衝動的感覺。而且她還發現在選擇抵抗之後，衝動真的消退了。在展開情感假期之前，諾拉還堅信抵制對於她的執迷一點用都沒有。現在她知道了，她確實是有選擇的。

諾拉告訴我，她擔心這樣依靠朋友的支撐，她無法學會自己控制行為。我跟她保證，在這兩個星期的情感假期中尋求朋友幫助是無須擔憂的。就像假如不小心摔傷腿，枴杖可以幫助你度過康復療程的最初階段。「情感之錨」能陪著你走過情感假期，甚至更久，直到你足夠強大，可以自己解決問題。

## 走出孤立

執迷是一種孤獨而又絕緣的狀態。當執迷者眼裡只有戀人時，常常會疏遠朋友、家人和同事。執迷者忽略了周圍的人，讓親朋好友感覺自己不被重視。他們常常爽約，總是找不著人影。很多執迷者跟朋友聊天時，總是三句話不離自己的戀人，或者訴說失戀的痛苦，喋喋不休，讓人煩惱不已又無可奈何。

在情感假期的期間，你要扭轉這個情況。邀請老朋友出去聚餐，去聽一場音樂會或者看場電影，拿起電話重新聯繫舊識，去拜訪被你疏遠的家人。

如果朋友和家人對你的邀請感到為難，那是因為在過去的幾週、幾個月甚至幾年裡，你就像一臺故障的收音機沙沙響個沒完。向他們保證你不想再提起你的戀人——實際上，你正是想要避免談論戀人，你正在試圖轉移注意力，找回往日的情誼。

像過去一樣，重新參加每週一次的網球賽、瑜伽課、志工活動或者打橋牌，重新拾起你因執迷而丟棄的生活方式。

這些活動不是暫時的，不要以為見不到戀人才做這些來打發時間。無論你是在戀愛中還是單身，「外出活動」和「朋友」是維持情感健康的必需。一段健康的感情中，既有兩個人的愛情空間，也有你自己的生活空間。只有執迷的戀情才會要求把人拘禁在兩人世界，摒棄其他生活空間。

如果你的執迷行為主要是被動的，那麼很可能你在生活的其他方面也有消極、被動的傾向。你願意從現實世界中逃亡，以為像蝸牛一樣縮進愛情的殼裡比走出去要安逸、舒適。也許跟逃避一樣令人欣慰的是，和孤獨及絕緣狀態做抗爭的唯一方法就是讓自己走出去，花時間和別人在一起。

你可能會驚喜地發現，**只要你願意走出執迷的束縛，即使沒有戀人在身邊，你也能開心、快樂。**能讓你開心的事太多了：買束鮮花送給自己、去海邊走走、幫自己買新衣服、跟朋友去打球、上課進修、培養興趣……只要你喜歡。趁戀情暫時還沒接管你的生活，試著重新找回曾有的快樂感覺和回憶吧。

## 去做讓你開心的事

當你發現自己滿腦子都是執迷的行動時，找個方法幫你把負面能量引到其他正事去，對你很有好處。不妨跟自己做個約定，當你有開車去對方家監視或聯繫戀人等衝動時，就去做運動，用運動來疏導大部分的執迷衝動，不僅能強身，也能讓心情變得開朗。

運動時，大腦會分泌一種叫做腦內啡的化學物質。這些化學物質是你體內天然鎮痛系統的一部分，像很多止痛藥一樣有提神效果，卻無副作用，即使效果退去之後，也不會導致情緒低落。

花五分鐘把所有你喜歡的運動（或者至少是你能忍受的運動）寫下來，各種運動項目都可以，壁球、健身操、慢跑、重量訓練都行。我個人最喜歡踢踏舞。有很多案主和我一樣不喜歡團隊運動，他們更願意騎車、健行或者出去跳舞，只要能讓你出汗，什麼運動都行。

列出你喜歡的運動項目，每天安排做一次。當你感到有執迷衝動時，把衝動投入運動中。想打電話給戀人？去游泳吧！想去監看戀人？跳繩吧！用每天做運動來代替打電話給「情感之錨」，也不必花時間去琢磨那些改變想法的技巧（稍後我將教給你）。

除了激發腦內啡，我還將教你學會另一種對抗執迷衝動的方式。這兩個星期，你將學到很多。

## 如何控制你的執迷想法

若能改變執迷想法，你就能改變生活。你已經開始著手減少自己的執迷行為，透過放慢執迷系統中「行為」這個齒輪，執迷想法也會跟著減少，你也就能夠比較輕鬆地將執迷想法轉化成非執迷的想法。越是轉變想法，就越少感到絕望，你的執迷行為也會越來越少。

### 避免觸碰「執迷扳機」

要減少執迷想法，最簡單的辦法是盡最大可能避免觸碰執迷的「扳機」。

回答**「是什麼觸發這個想法的？」**這個問題時，你已經辨認出哪些是你的「執迷扳機」。花一點時間回顧你的日記，把這些「執迷扳機」列出來，然後利用你列出的清單，盡可能地躲開或丟掉那些「執迷扳機」，可能包括你倆的合影、戀人送給你的禮物、你倆都喜歡的唱片、你想取悅對方而用的香水……所有與你的戀人有關的東西。試著避開你倆曾經去過的餐廳或其他地方，不要去看愛情片，不要聽情意綿綿的音樂，把冰箱裡你為戀人準備的食物都清空。在合理範圍內，盡你所能地把那些能觸動你的「扳機」，從你的生活中移除。

到目前為止，我們提到的「扳機」都是外在的，但是有很多執迷的「扳機」被我們內化了。比如感到傷心時，你可能會想著戀人，希望對方在身邊安慰你；要是生氣了，你可能想找戀人要耍任性；或者欲念燃起，你想跟戀人上床。

不可避免的生活場景也可能成為「扳機」：你跟母親吵架了，乾洗店洗壞你心愛的襯衫，或是你被老闆罵了……都讓你想要戀人的擁抱。

你不可能消滅生活中所有的外在「扳機」，同樣地，也不可能抹除所有的內在「扳機」，或是把自己保護起來，避開一切生活場景。但不管有多少「在所難免」，也只不過是「想法」，你是可以處理的。

## 辨認執迷想法

在你能夠控制自己的執迷想法之前，必須先釐清那是什麼。再一次，「執迷日記」可以幫助你進行辨認。閱讀你在日記中**「我想要做什麼？」**的答案，試著將你的執迷想法分成三個基本類別：

1. 回憶。
2. 幻想。
3. 內心獨白。

**「回憶」**是與你的戀人過去有關的想法。回憶有時是痛苦的，有時又是幸福的。從極其震顫的性愛到極度傷痛的分手，回憶可以是任何形式。

**「幻想」**是你想像在某地、某時（不管是過去、現在還是將來）和戀人在一起的內心畫面。執迷的幻想是你經常想像與戀人進行長談，傾訴內心，想像對已經發生的事情修改結局。那也許僅僅是愛情小插曲，也有可能是報復的願景。

**「內心獨白」**是你跟自己的對話，出聲的和不出聲的都算。內容可能是你希望自己和戀人之間會怎樣，或是自責，又或者是關於執迷追求，也可能是關於報復。內心獨白常常這樣開頭：

- 「但願他能……」
- 「為什麼（不）……」
- 「總有一天他會瞭解……」
- 「為什麼她看不見……」
- 「她不知道她真心想要的……」
- 「他不能這樣對我……」

內心獨白常常被誤認為是對自己處境的洞悉，但其實只是心理遊戲——藉口、辯解、將自己的行為合理化，總之是不願面對自己執迷的事實。

另一種形式的內心獨白源自於衝動，豁出去了要做些什麼事。這種類型的想法可以從**「我想要做什麼？」**的答案中找到，包括：

- 「我得去見她。」
- 「我要打電話給他。」
- 「也許我得開車去她家。」
- 「我要讓他付出代價。」

無論你的執迷想法實質是什麼，若不想受它們控制，你就得學會控制它們。不是沒有停止或扭轉執迷想法的技巧，但也並非靈丹妙藥。很多案主想要與自己的執迷想法做殊死戰，像個心靈鬥士。但是，如果你願意循序漸進，停止或扭轉執迷想法並不至於困難到讓人害怕。接下來我介紹的這些練習，別奢望一試就靈、一勞永逸，但只要努力練習，你就會看到效果。

## 為執迷想法「貼標籤」

假如醫師說冰淇淋可能引起你血管阻塞，看到一盒冰淇淋時，你很難不去想它的潛在危險。一旦你視冰淇淋為有害食品，就在心裡為它貼上了有害的標籤。以前你大快朵頤，從不思考什麼後果，但如今，冰淇淋永遠都脫不掉「有害」的標記了。同樣地，你也可以對執迷想法「貼標籤」。

一旦你辨認出自己的執迷想法，每當冒出那些想法時，腦海裡便隨之浮現「執迷」這個標籤。當你意識到自己正在想著多渴望聽到戀人的聲音，或者他要是愛上你會有多幸福這類想法時，告訴自己：**「這是執迷。」**

既然你已經接受了「執迷想法對你不利」這個事實，「執迷」的標籤會使得這些想法不再那麼誘惑你。再冒出這類想法時，你很難不同時意識到這是有害的。用「貼標籤」的方法來為你的執迷想法潑冷水，再容易不過了。

## 對執迷想法「設置時限」

剛開始對案主提出要停止執迷想法時，所有人都表示那些想法一旦出現在腦中，就揮之不去。當知道我並不是要他們這麼做時，他們常常很吃驚。我向他們提出的方法是對執迷想法「設置時限」。

「設置時限」是一個非常簡單的技巧：特別允許自己每天一次，放縱執迷想法一會兒。但只是一會兒，只能在某個特殊時段。

找個輕鬆的時間來做這個練習。我常常建議案主安排在臨睡前，只需要躺好，讓執迷想法飛一會兒。確保身邊有個馬表、鬧鐘或計時器，要確實注意時間。當約定的時間快要結束時，大聲告訴你的想法：**「該離開了！」**

大多數人都為此特地編了「逐客令」。安妮的「逐客令」是這樣的：

**安妮**：「好啦，時間到了！你該走了。明天同一時間見。我知道你對我沒好處，而且現在我不想再跟你浪費時間。若你堅持要再來，只能等到明天，因為今天我不會再縱容你了。」

剛開始設置時限時，安妮認為這是個可笑又太簡單的練習。她指出，無論怎樣在睡前為執迷想法設定時限，白天她還是會冒出各種執迷想法。我向她保證，這個練習並不意味著澈底根除執迷想法，但兩個星期的練習之後，她的執迷想法持續的時間和出現頻率都會明顯減少。

情感假期的第一天，給你的執迷想法十四分鐘，第二天十三分鐘，第三天十二分鐘……以此類推，兩週之後，你會驚訝地發現自己有能力控制心裡那匹亂躥的野馬。

## 轉移你的執迷想法

就像可以做運動來取代執迷行為，也可以去做一些需要集中注意力的事情，來取代執迷想法。比如花時間學一門外語、粉刷公寓、整理通訊錄或玩拼字遊戲，都可以。

當執迷想法浮現時，強迫自己去做需要轉移注意力的事情。要確保用來轉移注意力的這個活動隨手可得。如果選擇畫畫，就把畫架一直立著；若是打電動，就讓設備保持著連接；假如要下棋，就邀請朋友來或者下載棋類遊戲軟體。

無論選擇什麼活動，只要能集中你的注意力，就能幫助你把執迷想法趕出腦海。這個概念很簡單，但有效。

## 粉碎你的執迷想法

心理學在某些方面與新聞學類似，長篇大論不如一張圖片。對於控制執迷想法，我要教你的最後一個技巧是「形象化練習」。在這個練習中，你將在腦海描繪出自己摧毀那些執迷想法的情景。

「形象化」是讓你與執迷拉開心理距離的有效途徑。當執迷想法確確實實地與自己漸行漸遠，你將看清它的模樣。儘管得承認自己應該對這份執迷負責，是自己縱容了它，但執迷並非你的本性，執迷想法也不是你分割不開的一部分——執迷是你的負擔，你的敵人。

這個練習只要花幾分鐘就可以。為了將干擾降到最低，需要找一段安靜的時間和一處舒服的地方，坐下來，做幾個深呼吸讓自己放鬆，然後閉上眼睛……

在腦海中，把你的執迷想法描繪成一顆巨大的石頭，壓在你的肩膀上，壓得你彎腰駝背。現在想像你站起來，直接把大石頭扔了出去。大石頭砰一聲砸在地上，摔成碎塊。伸個懶腰，感受一下忽然放鬆的愜意，讚嘆放下負擔的感覺多麼美好。

現在，看看這顆巨石，意識到它曾經壓得你寸步難行，痛不欲生。你怒火中燒。想像你舉起一把巨大的錘子，狠狠地砸向大石頭，把它砸得粉碎。每砸一下，你便釋放了一分憤怒。

繼續在心中描繪，等你把巨石砸得粉碎之後，把碎末裝進一個大桶中。

你帶著這個大桶子去一座熱帶海島，踏著海浪，將執迷想法的碎片扔進大海，看著這些碎片沉入海底，慢慢地分解，消失在沙土裡。

海浪輕輕拍打著你的腳，你沐浴著陽光，聞著略帶鹹味的海風，聽著海鷗的歡歌。你享受著勝利的喜悅，放鬆、自由。你推翻了肆虐內心的大魔王。

只要感到執迷的巨石壓在肩上時，就可以再用形象化練習來放鬆自己。這個練習做得越多，越能有效地幫你趕走執迷想法。

這個特殊的形象化練習是多年來我推薦案主使用的方法之一。但你不一定要原封不動地沿用。也許，你喜歡把執迷想法從山頂扔下去、用一把火燒了，或者把它埋起來。你喜歡怎麼做，就怎麼做。

透過形象化練習，可以運用形象的力量深入影響自己的想法，無論是有意識的或潛意識裡的念頭。

本章介紹的這麼多方法，總有一些對你來說格外好用，都去嘗試看看，然後找出最適合自己的方法。不管是在四周貼滿停車標誌、依靠「情感之錨」，或者變成猜字遊戲達人，哪怕是在脖子上掛大蒜——只要能擾亂你的執迷系統都可以。一旦找到有效的方法對抗自己的執迷想法和行為，你的執迷模式就會改變，而且你會向自己證明，執迷沒有看起來那麼可怕，也不是所向披靡的大魔王。

我知道這兩週有很多事情需要你去想、去做，但是要克服執迷，必須承擔辛苦，信念堅定。感到力不從心時，別著急，把情感假期延長一、兩週，以便更能夠掌握這些技巧。偶爾失敗了，別自責，執迷的力量不容小覷，而且就算是退一步、進兩步，你仍然是在進步。只要能動搖自己內心的執迷，哪怕只是一點點，這幾週的付出將使你獲益匪淺。

## 第十一章

# 面對你們戀情的真相

我們要做的是，在你的情感假期和你未來的生活之間架一座橋，但是要避免掉進橋下那潭執迷的苦水。若要安全地通過這座橋，你必須誠實地看待你們的戀情（或是戀情裡所缺少的），然後去面對它。我知道這有多麼讓人恐懼，也知道抓住渺茫的希望對你有多重要，那是你對未來的期待。但希望常常是海市蜃樓、是陷阱，拖得你在人生路上裹足不前。

## 第十四天：情感假期的最後一天

情感假期的最後一天是評估日。如果有可能，安排情感假期時，把最後一天放在非工作日。不要安排任何朋友聚會，把這一天留給自己。你要好好地思考你們感情的實質狀態。

如果你和絕大多數執迷者一樣，誠實、坦率地看待自己的戀情，那麼你會視這段戀情為最不願意繼續的事情，因為在內心深處，你明白自己終將墜入痛苦的深淵。

有許多人失戀了；有些人的戀情註定無法挽留；還有一部分人的戀情仍有一絲轉圜餘地，前提是他們得停止把戀人越推越遠的執迷行為。你已經花了兩週與執迷拉開距離，如今，你已準備好客觀地看待自己的真實處境。

## 檢視你的感情現況

為了幫助你洞察自己的感情狀態，我設計了以下的「感情現況檢視清單」。儘管這兩份清單中，有幾點的情況已經夠明顯，但是我知道大部分執迷者極善於逃避現實，即使跡象再明顯也好像看不見。不要讓這樣的事情發生在你身上。

### 【1】如果……那麼你們的關係已經結束了

1. 你的戀人切斷了和你的所有聯繫。

## 【2】如果……你們的關係不能再繼續了

1. 每次都是你主動聯繫對方。
2. 你的戀人很少回你電話。
3. 對你專一了一段時間以後，你的戀人想要重新跟別人約會，或者已經開始和別人約會了。
4. 讓戀人跟你在一起的唯一方法，是讓對方有內疚感。
5. 你的嫉妒、占有欲、暴力或者執迷追求行為，反覆激怒或者嚇到對方。
6. 你和戀人之間唯一能做、或者願意做的事情，就是做愛。
7. 你的戀人已經跟別人結婚了，而且儘管對你有承諾，也沒有任何分手或離婚的跡象。
8. 你的戀人沒有經濟能力，總是依靠你幫忙解決財務危機。
9. 你的戀人有酒癮、毒癮、賭癮或其他嚴重問題，而且不願為自己的問題承擔責任。

「檢視清單1」只有一項，一目瞭然。若你的回答是肯定的，但是你仍然沒有放棄幻想，以為你們的感情還在，那麼是面對現實的時候了，無論有多痛苦，也遠比繼續對那個

不要你的人死纏爛打好受得多。

「檢視清單2」，若有一項你的回答是肯定的，那麼你必須放棄現有的關係，儘管意味著將永遠失去這段感情。要獲得健康感情的唯一可能是：你願意努力改變自己的執迷行為，而且戀人願意給你時間和機會去做出改變。

如果你發現自己對上列檢視清單裡的選項回答「是」，又緊接著說「但是」，那麼你是在逃避。比如對**「每次都是你主動聯繫對方」**這一條，你回答：「是的，**但是**我知道他很忙。」那麼你是在逃避痛苦，更有可能的原因是他不想在你身上花時間。

請不要找理由（或者用其他逃避方式）繼續欺騙自己。逃避只會是你前進路上的絆腳石。

現在，兩週情感假期結束了，你可以比從前更客觀地看待這段關係。透過日記、這兩週做的各種練習與感情現況檢視清單，即使無法洞悉未來，你也應該能把這段關係的本質看得更清楚了。帶著這層客觀認知，你已做好了心理準備：或許會失去這段感情；或是若還有可能，以全新面貌重新投入這段關係。

## 情感假期結束了……接下來呢？

兩週來，你一直處於感情休眠期，刻意讓自己與「目標」、執迷模式隔離開。這段期間，你學習了很多方法來控制執迷想法、執迷感受和執迷行為。我知道許多人在這兩週有點小差錯，但還是進步了。你應該恭喜自己。不過，這些變化只是暫時的。

現在是著手袪除執迷「病根」的時候，不再只是治標。若你的戀情已結束，我將幫助你處理痛苦的現實，繼續練習控制執迷傾向；若你正在修補受損的關係，我將幫助你控制自己對戀人的執迷，畢竟戀人才是你最難抗拒的「執迷扳機」。

這是第十五天，感情休眠期已經結束。現在是你運用所學與所知（包括你的感情狀態、執迷行為等），並且學以致用的時候了。

## 若你的戀情已逝

若感情現況檢視顯示的是戀情已逝，這段情感假期結束得實在感傷。不過好消息是，曾經讓你崩潰的困惑、迷惘和猜疑，如今皆已隨風而去，在這個全新的認知下，你可以讓生活變得從容，從執迷愛戀的捆綁中解脫。

我知道有些人分手很久之後，又會在一起，但是為了擺脫執迷，請不要抱著那一絲渺茫的希望，這點很重要。我不知見過多少已沒希望卻仍不死心的案主。

將希望寄託於所謂的「萬一……」，期待毅然離去的戀人再回到身邊，不過是一廂情願的執迷，還會拖延你的痛苦。無論是哪種失去，痛苦都是必然的結果。

## 面對失戀的悲傷

一段戀情的結束是一種死亡——至少在一段時間內，希望、願景、激情、夢想，有時甚至是你的愛，全都幻滅了。放棄執迷愛戀是一件特別痛苦的事情，即使戀情很短暫，或者那段關係讓你飽受折磨。但是，就像面對死亡，在世者再痛苦也有走出來的一天，感情死去的痛苦也能夠被療癒。

儘管做感情現況檢視時，第一點便說明一切，諾拉還是很難放棄對湯姆的思念。她已經兩個多月沒有湯姆的消息，但她仍然在等湯姆的電話，等他說想要重新開始。我和諾拉重新看了一遍她的日記，我指出她關於湯姆的每一項記錄都是想而不得的痛苦，聽不到他的聲音、見不到他的人。很顯然，所謂的感情不過是諾拉基於幾晚激情的幻想。她終於接受了湯姆不會再打電話來的事實，痛不欲生。

**諾拉**：我失去了愛情，也失去了湯姆⋯⋯我好難過。我該怎麼辦？

**蘇珊**：看看吧，你們的感情、湯姆、你的痛苦——其中只有「痛苦」這件事情是你能夠改善的。你不能憑空創造一段戀情⋯⋯誰都無法這麼做。如果湯姆對你不感興趣，你也無法強迫他在乎你。但是，你可以做點什麼來減少自己的痛苦。

為了幫助諾拉，我讓她為自己的戀情舉行一場葬禮，就像千百年來，人們為了接受失去的結局所做的。

## 寫一篇「悼詞」，紀念你逝去的感情

我常常讓案主為他們的感情與關於這段感情的所有幻想和美夢，寫一篇悼詞，以這樣的方式來排遣悲傷。經過多年經驗，我發現這種方法很有用。

如果你像諾拉一樣，意識到自己的愛情已經徹底死去，那麼請花一點時間坐下來，拿出紙和筆，懷念這段愛情對你的意義，以及它的逝去對你的影響，然後大聲讀出你寫下的悼詞，想像你的感情已被埋葬。

諾拉這麼做的時候，我們在我的辦公室安排了一場告別式，用一把椅子當講臺。諾拉剛開始站上講臺時，顯得扭捏不安，但當她讀完了自己那份簡短的悼詞，為自己的演說感到驚嘆。以下是摘錄：

**諾拉**：我曾以為湯姆是我一生的期待，但是此時此地，我要把所有這一切都埋葬。安息吧！我所有的愛，我的夢想，我們共同度過的美好時光……它們都離我而去了，我必須接受。我真的以為我們會有未來，但今天，我要把那個所謂的未來親手埋葬，因為那個混蛋根本就不在乎。我想是我要得太多、陷得太快，但是現在……我再也看不到希望了。我以為這就是愛，但它只是一瞬間的浪漫……甚至還沒來得及開始，就結束了，這傷透了我的心。但是，現在是該繼續前進的時候了。我得重新開始考慮以後的路，換句話說，好好地對待我自己。我很堅強，我能夠度過這個難關。我只需要讓這段感情安息。

諾拉念完時，失聲痛哭。她告訴我，僅僅幾句話無法讓她忘記湯姆，她也沒能感覺好一些。我向她保證這篇悼詞的目的已經達到了，給她機會把形成痛苦的所有因素，包括傷心、生氣與挫敗全都表達出來。透過象徵性地埋葬那些糾纏著她的想法和感受，她更加堅定了要擺脫它們的決心。這不是念出來就能藥到病除的神奇魔咒，而是目標性的宣示。這篇悼詞不是結束，而是一個開始。

你也許內心存疑，但請不要低估這類象徵性儀式的作用。表達悲傷對潛意識有非常大的影響，而且此類儀式是表達悲傷的有力工具。在療癒的過程中，「悼詞」是至關重要的一部分。

## 悲傷沒有固定準則

悲傷沒有一定的準則，如何悲傷、要持續多久，都沒有規定。過去流行的理論認為悲傷的過程通常分為幾個特殊階段，但近來的研究推翻了這項學說。現在的看法是，悲傷的人各有各的悲傷。對於悲傷，唯一的共通之處就是必須承認它，而且用某些直接的方式表達出來，否則它將鑽進你的潛意識裡，偽裝成沮喪、生氣、病態或者自殘等各種形式，間接地表達出來。

我告訴諾拉，接下來的幾個星期，她很可能會淚流成河，但這是有目的、有方向的悲傷，遠勝於把悲傷延展成胃痛、憂鬱、暴飲暴食、酗酒等等。諾拉現在所經歷的悲傷是能看到盡頭的，這是有效的悲傷。

如今，悼詞開啟了諾拉的悲傷旅程，行程要多久取決於她自己。諾拉發現，紓解悲傷的最好方式是對朋友坦承自己失戀的事實。每當跟朋友說一遍，她就覺得這個結局更真實一點。

有人需要傾訴悲傷；有人需要一個可以依靠的肩膀，一直哭到漸漸平靜；還有人寧願默默獨飲苦水，將悲傷寫進日記、揉進藝術或音樂裡，或者投入劇烈運動中。有些人能很快地消化悲傷；另外一些人則需要掙扎很久。總之，無論你的悲傷屬於哪一種，重點在於「不要逃避」。

## 若不想走回頭路，你必須做出改變

我深知有許多人在結束兩週情感假期後，又直接回到戀人身邊，即使那段戀情愁雲密布。

但是，在做第二份感情現況檢視時，只要有一項你的回答是肯定的，那麼這段戀情需要你做出改變。若重蹈覆轍，一切只會重回原點，等待你的還是過去那樣執迷、煩惱的戀情。

一旦意識到自己對於感情不能再將錯就錯，就必須擔起責任去改變。如果你像大多數執迷戀人那樣，也許早就意識到自己的戀情需要改變，只是你試圖去改變戀人。事實上，你無法改變戀人，只能改變自己；在改變自己的過程中，這段戀情也在轉變。到後來，或許你們之間變得越來越好；也可能是你漸漸地強大起來，走出這段關係。

## 找出新的相處方式

不管你們是住在一起，還是你每週去看對方兩、三回，或者偶爾見面，重回戀情對你來說都是危險的。中斷執迷行為長達兩週，在絕大多數情況下，你就像一個節食者，快要崩潰了，如今節食期宣布結束，你發現周圍布滿誘惑，而且自認為已足夠自律，可以放鬆警戒。但是就像節食一樣，既然開始了，你就要堅持下去，對誘惑保持警戒，以免前功盡棄。

在你以往的執迷模式下，戀人難免成了驚弓之鳥。你已經習慣用執迷的老方法來回應戀人。現在你回到原本的戀情中，那是一個到處都是「執迷扳機」的環境。儘管前兩週你已經盡力修正自己的行為，但戀人仍停留原地，沒什麼改變。如果對方之前拒絕你，或始終回應你雙重訊息，又或者對你在感情上非常冷漠，恐怕這時也是老樣子。

兩週的情感假期裡，你學習了如何控制執迷行為，就像學游泳會先在泳池的淺水區練習。如今，你游進了深海裡，運用之前在淺水區學到的技巧浮在水面上，但大海波濤洶湧、水流湍急，對你來說是非常嚴峻的考驗。

## 瑪格麗特與菲爾

瑪格麗特再聯繫菲爾時，知道自己已經回不去了。感情現況檢視清單的第二部分，九項中，她有五項是肯定的。當她打電話告訴菲爾她的情感假期結束時，心境已完全不同。

**瑪格麗特：**跟往常一樣，那天晚上他來的時候已經十一點了。見了面，他想做的第一件事就是跟以前一樣上床。我告訴他，現在我不想這麼做。當我這麼說的時候，其實在發抖。我怕極了，怕他就那麼走了。但是後來你猜怎麼樣？我告訴他，我的價值遠遠不只每個月跟他上兩次床，如果他不能給我更多，那麼我就到此為止。他呆住了，他做夢都想不到這種話會從我的嘴巴裡說出來。他說讓他回去想想，他會給我電話。

然後他就走了。門關上那一刻，我幾乎用盡所有力氣才沒有追出去，彷彿之前所有的努力、所有我想過要告訴他的話都放水流了，要我做什麼都可以，只要能留下他。但是，我沒有！不知道為什麼，但是我沒有追出去。現在已經過去一個星期了，我仍然沒有接到他的電話。

我知道一旦打電話找他，自己又要墜入過去的深淵，那太辛苦了，所以我不會那麼做的。想起我們剛認識時，真是太傷心了，但我知道，無論如何我都不能再回去。重要的是，我真的自己站起來了，我真的做到了。

儘管瑪格麗特堅信是她放手了，但其實是菲爾離開她——很久以前，他的心就不在了。透過「執迷日記」和「感情現況檢視清單」，瑪格麗特很清楚自己在菲爾心中的位置，這讓她能夠鼓起勇氣離開這段毫無意義的感情。真正的考驗從菲爾離開的那一刻開始，瑪格麗特一度衝動得想要追出去，但是，兩週情感假期的鍛鍊給了她力量，她沒有動搖。熬過失去菲爾的痛苦之後，她再也沒有回頭。

## 雷與凱倫

相較於瑪格麗特的情況，雷回到凱倫身邊，則是重新進入一段「相互關係」。雷和凱倫分別在各自的心理治療中，努力地學習克服執迷。但是雷發現自己還是常常跟過去一樣，因為類似的小事表現出執迷的反應。當凱倫關上浴室門時，他還是感到被拒絕；聽見她的電話答錄機有男性留言時，他還是感到嫉妒；不知道凱倫人在哪裡時，他還是會感到絕望。

但是，他已經意識到這些「執迷扳機」對自己的影響，而且採用了新的行為策略來處理。雷正在緩慢、堅定地修正自己的執迷愛戀。

**雷**：離開她的那兩週，我過得很辛苦，但是回到她身邊，感覺更煎熬。我以為自己已經能控制那惱人的毛病，但是現在又見到她……我必須一天二十四小時對抗自己的感覺。我真的很有自覺，反省自己的每一個想法、每一個行為……但至少她現在還跟我在一起。最難耐的事情是「不可知」，我還是特別想知道她去的每一個地方、做的每一件事情，但我曉得這會加深我們之間的隔閡，所以我沒有糾纏她。我一遍一遍地告訴自己：「要是這麼做，我會失去她的。要是這麼做，我會失去她的。」這看起來還是有用的，雖然沒能完全趕走焦慮，但至少讓我沒那麼難受了。我知道自己還有很長的路要走，但我敢說我在進步，這才是最重要的。

頭一回，雷為自己的執迷行為承擔責任。過去他一直把自己的嫉妒和占有欲歸咎於凱倫，是她讓自己沒有安全感，是她讓自己感到被拒絕。以往他始終認為自己對凱倫忽然發怒或質問、指責是很理直氣壯的，還覺得自己的所作所為都是正常反應，因為凱倫在疏遠他。但是，透過兩週堅持寫日記、努力反省自己的行為，他開始看到是自己在製造混亂，實際上是自作自受。

雷的反省讓他開始有自覺，第一次開始意識到是什麼讓他陷入困境，這點真令人振奮。兩個星期以來，我們一直試圖從外部控制執迷行為，但現在開始內化為自我控制。過去是執迷想法引發了執迷行為，如今則是執迷想法促發他進行自我控制。儘管前方的路很長，但雷已經朝著正確的方向前行。

## 有暴力傾向的執迷戀人

如果你已經越界，對戀人施加過暴力或者破壞過對方的物品，我強烈建議你，在任何情況下都不要再聯繫對方。我知道這項禁令可能讓你感到氣憤和挫敗，特別是你已經很努力在控制自己的執迷行為，但事實是，**暴力慣常會重複**。

我深知有些人訴諸暴力管理的方式去克服內心的惡魔，重新回歸戀情，並且沒有再犯。但那是例外，而不是常規。你的戀情曾經促發你的暴力行為，儘管不能說百分百會再犯，但你可以透過避開已知風險來減少可能發生的傷害。關於感情，你還有很長、很難的路要走，不要背負那些讓你失控過的「執迷扳機」上路。

但是，若你既要對抗暴力傾向，又要與執迷做抗爭，那麼僅僅依靠這本書恐怕是不夠的。暴力傾向是非常根深柢固的。我再三強調，暴力傾向是在你的意識控制範圍之外，世界上所有的願望、意志力、承諾和決心都奈何不了它。為了你自己、為了你身邊的人，也為了將來與你相遇的人們，**你應該求助於有處理暴力經驗的治療師，參加心理治療，請專業人士幫助你練習行為控制，處理你在童年階段埋下的憤怒。**

## 「救世主」回歸：柯克與蘿麗塔

如果你是有「救世主情結」的戀人，那麼不能在一成不變的情況下回到戀人身邊，除非你準備好在接下來的日子裡，繼續營救和照顧對方。**若你堅持繼續充當守護者的角色，那麼必須準備好繼續忍受情感挫敗和情緒剝奪**，這是「救世主」戀情的特點。除非戀人願意為自己的問題承擔責任，否則你們的感情難以起轉變。

你必須為對方的行為嚴格設限。如果戀人積極地回應這些限制，而且確實在做出改變，你或許還能挽救這段感情。但是假如戀人拒絕接受限制，這份感情將會繼續傷人又傷己，既然如此，為了自己的情感健康，你必須結束它。

柯克曾經多次勸蘿麗塔跟他一起參加戒酒無名會，但是蘿麗塔總是找各種理由拒絕。參加過「十二步驟計畫」後，柯克已經明白自己不能再替蘿麗塔承擔責任，但直到在兩週的情感假期中學習處理執迷感受的方法，他才下定決心為她設定嚴格的界線。

在戒酒會互助同伴和我的共同鼓勵下，柯克終於鼓足勇氣，立下非常明確的界線。他告訴蘿麗塔，他不會再容忍家裡有酒或毒品，也不會再容忍她徹夜不歸，並堅持要她參加「十二步驟計畫」或者戒毒小組。他告訴蘿麗塔，如果她拒絕改變，那麼就請她搬出去。

**柯克：**她使出了渾身解數，爭吵、哭鬧、說好話、誘惑我、裝可憐，但這些我都見得太多了，我拒絕被她牽著鼻子走。最後她叫我滾蛋，然後她走了。我得告訴你，我完全沒有成就感，實際上，我覺得像是自己被她一腳踢開。但我知道自己不能動搖，因為一旦回到過去的樣子，我們就再也不可能在一起了。

柯克知道自己這樣對待蘿麗塔，是冒著失去她的危險。當你對一個有著嚴重生活問題，卻不願自己承擔責任的戀人設定嚴格界線時，可能出現以下三種情況（或者三種情況全都出現）：

1. 你的戀人很生氣。
2. 你的戀人答應改變，當然，說的比唱的好聽。
3. 你的戀人答應尋求幫助。

你必須認清，若戀人不願做出正確選擇，尋求專業輔導，那麼你不僅有權利，而且有責任拒絕繼續營救對方。這不是背棄，這是自我拯救。大多數「救世主」很難接受這個事實，因為他們背負著太多的罪惡感。但是，我們也看到了，守護和拯救本身就是一種問題，而不是解決之道。如果你被別人的問題壓倒了，怎還有力氣去為身陷執迷的自己找到出路？

## 娜塔莉與里克

柯克設定的界線清楚、明瞭。至於總是幫助戀人里克解決財務危機的娜塔莉，對她來說，要劃定界線比較複雜。

娜塔莉很難要求里克停止做白日夢或者提高經濟能力，但是經過兩週的情感假期，她堅持要里克定出計畫，逐步把錢還給她，並要求他開始支付一部分家庭開支。

令娜塔莉驚訝的是，里克積極回應了她定下的新規矩。他告訴娜塔莉，他厭倦了自己像個敗犬，他會做出改變的，只是請求娜塔莉給他三十天的寬限，讓他好好去找份工作。娜塔莉答應了。

**娜塔莉**：他每天都帶著徵人廣告出去，但總是沒什麼進展，不知道是為什麼。也許他根本沒有好好找，也許他把面試搞砸了。但無論怎樣，我努力按捺住替他擔下責任的衝動，拒絕幫他瀏覽徵人消息，拒絕幫他寫求職信，甚至拒絕借他車去參加面試。一個月過去了，他一無所獲，所以我強迫自己告訴他，他得搬出去。這麼做讓我難過得要死，因為我真的仍然相信他是有潛力的，但我也知道，我無法讓他的潛能釋放。所以，我再也沒見到他，也沒見到我的錢。但至少我減少了自己的損失，無論在金錢上還是心態上。

娜塔莉發現自己是一個典型的、戀人長期有財務問題的「救世主」：如果她選擇接受這段戀情，那麼她將損失所有借出去的錢；但是若不結束戀情，她面臨的是綿綿不絕的痛苦和更多的經濟損失。

儘管很痛苦，而且需要足夠勇氣，娜塔莉還是在當下處境中做出了最有利的選擇。雖然事情已經告一段落，但她還是感到痛苦和內疚。隨著心理治療的深入，這些感受的深層根源開始變得清晰。

## 進行「三個月現況檢視」

若你正與執迷戀情做抗爭，儘管已採用一些新策略，但是對自身戀情的認知也許仍感迷惘。知道這段關係需要改變是一回事，但隨著時間過去，想要的變化是否真能發生又另當別論。在追求「目標」的過程中，慣於忍受拒絕和屈辱的你很容易因為有點小小的改進，而決定容忍一份沒有未來又不健康的感情。正因如此，我要你如實地評估自己的戀情，在你付出了這麼多努力去改進之後，是否有發展的可能。

這就是我說的「三個月現況檢視」，方法很簡單：回到原來的戀情三個月後，重新做一次「感情現況檢視清單」，如果你的回答中還有「是的」，那麼你的戀情還是很糟糕，我建議你最好放手。

## 你的「情感健康」絕對比戀情重要

幾乎所有的案主在放棄執迷戀情之後，都會來找我尋求安慰，問我是否改變執迷行為，就能挽回感情。我無法給出確切的答案，每個人的情況都不同。

戀人之前拒絕你，也許不僅是因為你的行為，或者根本就不是由於你的行為。即使你的執迷行為是對方疏遠的唯一原因，你現在改變恐怕也太晚，對方的感覺已經很難挽回，很難再冒險去相信你，永遠不會。如果你是有「救世主情結」的戀人，你的「目標」可能拒絕為自己的問題承擔責任。況且，若「目標」真的對你失去興趣，你的任何改變都挽不回對方的心。

重要的是，你不能把所有雞蛋都放到一個籃子裡，也最好不要把所有感情都寄託於那份問題重重的戀情中。你的幸福太重要了，無論如何都不能把它交到一個曾經拒絕過你的人手裡。

你的「情感健康」絕對比戀情重要。如果在你的努力下，這段關係有了好轉，那麼繼續加油！假使你怎麼努力都沒有起色，那麼還是得離開戀人，你的感覺會越來越好，並且將會掌握重新建立一段健康感情的技巧。沒關係，你總會成功的！

第十二章

# 驅逐往日的心魔

被拒絕，打開了每個執迷者內心的「潘朵拉的盒子」，釋放出一對孿生惡魔，一個對著你喊：「沒人愛你！」另一個對著你喊：「你不值得被愛！」這是你內心深處缺乏自信的化身，害你焦慮不堪。被拒絕讓你感到自己非常差勁，不夠美，不夠聰明，不夠性感，笨拙，沒有才華，簡直是廢物。

正如我們所看到的，這些負面情緒的影響主要源於童年期被拒絕的痛苦感受，正是童年期的心理陰影引發你的「連結強迫」。當身為成年人的你被拒絕時，蟄伏於內心深處的童年恐懼和焦慮被激起，所以你必須同時面對兩份拒絕：當下的，和過去的。被拒絕的痛苦不僅來自戀人對你的感覺，也出於你對自己的感覺，這簡直是致命一擊，讓拒絕變得實在難以承受。

到目前為止，你勇敢做出的艱難嘗試，已經明顯地中止並改變了你的許多執迷模式。若要把這些改變內化成自己的一部分，而非一種強制做法，就必須追溯驅動「連結強迫」的根源，斬草除根，趕走往日的心魔。

## 面對被拒絕的童年

如果你讀過我的其他作品，就不會詫異我從童年期著手處理成年人的感情問題。人們通常是在專業心理治療師的幫助下，處理根深柢固的童年創傷。但是許多執迷戀人（尤其是童年時並未遭受嚴重虐待的執迷者）是可以自己處理的。若你決定自己處理童年陰影，那麼最好有心理準備，很可能會喚起許多往日的感受，比你想像的要強烈得多。確保有一位朋友或家人（也許是你的「情感之錨」）在身邊支持你。若你還是在強烈感受的衝擊下失去平衡，我勸你去找一位訓練有素的治療師，提供你幫助和指導。

- **「要是我有好的父母，會怎麼樣呢？」**

有些人堅稱自己的父母總是很慈愛，小時候從來沒有被他們拒絕過。許多情況下，我相信這是真的，但這不意味著童年時期的你從沒有被拒絕的經歷。我們知道，對一個孩子來說，即使沒有遭受真正的拒絕，有時也會有如此的感受。

安妮當然相信父母很愛她，儘管和我詳談了因為哥哥染上毒癮，父母忙於處理哥哥的問題而疏忽她的事情，安妮仍然相信他們是好的父母。她沒有看到，父母的疏忽或許與她後來試圖自殺的事情有關係。

**安妮**：他們已經盡了最大努力，我沒有什麼可指責他們的。確實，我感到自己被忽視，但是他們一直很愛我，那不是拒絕。現在我和父母之間非常親密，我不想做任何破壞我們之間關係的事情。我本來沒有生父母的氣，你卻像是要讓我生氣。我沒什麼好生氣的。

的確，相較於許多其他來諮商的執迷戀人，安妮的童年沒什麼好抱怨的。她沒有被遺棄，也沒有遭受過身體、性或者言語虐待，而且父母既沒酗酒，也不吸毒。安妮愛她的父母，對於父母可能不稱職或冷酷的暗示感到氣憤。

**蘇珊**：看吧，現在你也許能夠理解是哥哥吸毒的問題使得父母無暇顧及你，但是當時你太小了，很難理解這些。你跟我說過很多次，你感覺到自己有多麼被無視、多麼被忽略。

**安妮**：但我並沒有被拒絕。拒絕是人家不要你了，只有壞的父母才會拒絕小孩，我爸媽只是太忙了。

我向安妮保證，我不是要指責她的父母是壞人或者不合格，但是事實上，她曾經描述過自己小時候感到被忽視的經歷。感到「被忽視」與感到「被拒絕」只是措詞不同而已，潛在的感覺沒什麼差別。

在我們的互動過程中，安妮漸漸明白，她過去的經歷確實屬於童年期的被拒絕。有了這一層認識，她終於能夠看到過去的經歷和現在的執迷之間的關聯，一旦認知到這項關聯，就能採取方法減少執迷帶來的影響。

安妮的故事說明了童年期被拒絕的經歷可以多麼微妙，對於許多「救世主」來說更是如此，尤其是當父母患有身體或精神疾病，而非酗酒、吸毒時，拒絕往往不是有意的。但是，不管這份創傷是明顯或隱晦，若想要治癒，你必須去面對它。

## 寫信給曾經「拒絕」你的父母

經過一段時間的心理治療，瑪格麗特開始理解自己之所以這樣痛苦，不僅是因為跟菲爾的感情失敗，還因為揭開了童年傷疤。瑪格麗特的父親不但離開了，而且後來沒有再聯繫她，對於傷心的小瑪格麗特來說，這是雪上加霜。

我問瑪格麗特，有沒有用過什麼方法來處理父親離開帶來的傷痛，她回答她從來沒有為自己的創傷做過什麼。和大多數人一樣，對瑪格麗特而言，童年的創傷已經過去，接下來就是試著忘記。但是這種方法把陰影埋在內心深處，永遠都會隱隱作痛。我告訴瑪格麗特，若要一勞永逸地將痛苦斬草除根，她必須停止壓抑自己的痛苦。

為了幫助瑪格麗特不再壓抑痛苦，我要她寫一封信給拋棄她的父親，告訴父親，當他離開時，自己的感受。一旦她把痛苦寫在紙上，不管怎樣，她都得面對這份痛苦。她是這樣寫的：

親愛的爸爸：

你離開的時候，我的心都碎了，我害怕極了。我能理解你為什麼會離開媽媽，很多人都離婚了。可是你為什麼要離開我呢？你為什麼不來看看我？為什麼不打電話給我？為什麼不寫信給我？我一直覺得那是因為你不愛我了，也可能是我做錯了什麼事，惹你生氣。當我看到其他小孩跟爸爸在一起時，我就更傷心。我猜你只是從來不在意我有多愛你。我永遠都無法理解你怎麼能那樣對我，你就那樣走了，頭也不回。你不該那樣對我，我做的一切都是因為我愛你。

瑪格麗特

瑪格麗特把這封信帶來治療團體時，告訴我們她整整猶豫了四天才下筆。這說明她有多麼害怕面對這份未解決的痛苦。

她大聲讀出這封信時，哽咽難言，不得不暫停好幾次。但是，一旦揭開了一直充盈於自己潛意識之中的痛苦，她意識到，儘管很不舒服，但並不像原本擔心的那樣具有毀滅性。這個發現讓她很振奮：她很痛苦，但她能掌握。

我建議你寫一封信給自己，這麼做能幫你釐清、辨識和關注童年時被拒絕帶給你的感受，好讓你展開行動去驅逐頑固的心魔。用最能表述你心境的話開頭，比如：

- 「當你離開我的時候，我感到……」
- 「當你忽視我的時候，我感到……」
- 「當你們總是數落我的時候，我感到……」
- 「當你打我的時候，我感到……」
- 「當我不得不照顧你，好像我是你的父母，我感到……」
- 「當你喝醉的時候，我感到……」

試著回憶和表達你的童年感受，不要給評價，也不要猶豫。不管是什麼樣的感受，你都有權利全面地表達出來。

## 羅伯特的憤怒

瑪格麗特的信流露出巨大創傷，其他人所寫的內容則混合了複雜情緒，就像羅伯特。

羅伯特是拿錘子砸女友車子的音響銷售員，他來尋求幫助是因為擔心若自己控制不了脾氣，很可能會做出傷害別人的事情。羅伯特這麼做很難得。將復仇幻想付諸行動的人，大多會因為缺乏勇氣或瞭解不充分而沒有尋求幫助。羅伯特看起來是真的很想控制自己的憤怒。

我要羅伯特寫信給父親，讓他可以有組織地表達出自己的感受。當他還小的時候，父親為了另一個女人離開他母親；而在他與莎拉的關係中，兒時感受重現，造成破壞性的影響。接下來的一週，羅伯特寫了一封長達五頁的信，以下是這封信的部分內容摘錄：

爸爸：

那晚你把我一個人留在路上，開車揚長而去。我覺得自己像一隻被人踩爛的蟲子，希望有一天我也能那樣踐踏你……

什麼樣見鬼的父親會把一個蕩婦看得比自己的親生兒子還重要？真是個混蛋……

我永遠不會原諒你那樣對我，我也永遠不會原諒你那樣對我媽媽。你視我們如糞土，我恨你！

你兒子，羅伯特

跟瑪格麗特比起來，羅伯特在信裡表達的感受主要是生氣，而不是傷心。但實際上，羅伯特和瑪格麗特的感受其實大同小異。當一個孩子被拒絕時，傷心和生氣都是難免的。

羅伯特的氣憤與瑪格麗特的傷心，反應的是同一種痛苦，只是他們用不同的方法表達。社會文化影響了兩人表達痛苦的不同方式。在我們的社會——事實上，大多數社會環境都是如此，女性更容易表達悲傷，而男性則傾向於發怒。羅伯特無意識地以生氣來掩蓋「女性化」的悲傷情緒；而瑪格麗特則正好相反，無意識地用傷心來代替她的憤怒。

儘管羅伯特和瑪格麗特都需要繼續探究深藏內心的情感，但我們可以透過其他練習達成。就這封特別的信而言，沒有對錯，也沒有好壞。這封信的目的是放開你壓抑已久的心門，寫下你所能察覺的感受。

如果你選擇做這個練習，那麼寫下這封信，任務只完成一半。寫完這封信後，你要大聲地讀出來，不管是對著一個讓你完全放心的人讀，或是讀給自己聽，只有讀出來，才能坦然面對長久以來鬱結於心的感受。

再讀讀你寫的信，如果願意，就多讀幾遍。你讀越多遍，就越有效果。事實上，聆聽著自己過去一再否認的這些想法，對你的潛意識有很大的影響。

許多案主選擇真的把這封信寄給拒絕過他們的父母。若你決定這樣做，那麼就去做吧。但我要先聲明，這樣做有可能把你內心最強烈的情緒釋放出來，而且可能激化與父母之間的衝突。

這種跟父母的「對質」是一項重大的人生決定，你必須要有充分的心理準備才可以嘗試。然而，有效的對質能夠深深地撫慰你的創傷，是你能為自己做過最有意義的事情之一。對此，我在另一本書《父母會傷人》（*Toxic Parents*）中，全面性地做了深入探討。

## 羅伯特的傷心

由於羅伯特有暴力傾向，所以我想，重要的是深入他的潛意識當中，探究他隱藏於憤怒外衣下的其他感受。所以我要羅伯特再寫一封信給父親，這次他得按捺住自己的憤怒，以便發現可能存在的其他情緒。一週後，他帶來第二封信，只占了半張紙，與第一封信截然不同。

親愛的爸爸：

當你離開我的時候，我覺得自己狗屎不如，我覺得你根本就不愛我，你不在乎我，你不想要我，你不需要我，而且你也不喜歡我。我哭得很慘，哭得停不下來。直到現在，一想起來我還是想哭，有時我還是覺得自己狗屎不如。

你的兒子，羅伯特

發怒是羅伯特的家常便飯，但是現在他觸摸到了隱藏在憤怒之下的其他情緒，一些不那麼「man」的情緒，比如傷心、無助、羞辱等從小就讓他感到虛弱和羞恥的情緒。

每當被女人拒絕，小時候的感受就會再次從羅伯特心底湧起。當他還小時，他無力反抗，只能承受，但是現在身為成年人，他可以透過暴力宣洩內心的感受。暴力瞬間掩蓋了他的無助，讓他感覺充滿力量。

第二封信讓羅伯特在相對放鬆的狀態下，再度體驗了自己「柔弱」的一面。他開始接受「柔弱」是人性中正常的一部分，而不再覺得這種感受是很大的威脅，減少了以暴力對抗柔弱的需要。透過碰觸到隱藏於憤怒之下的感受，羅伯特消除了引發暴力最重要的一個「扳機」（儘管扳機絕不只有一個）。

隨著治療的推進，羅伯特繼續努力地練習控制自己的暴力傾向和執迷。經過一段時間之後，他擺脫了對莎拉的執迷。他和另一位女性相戀，並建立了穩定的關係。至今已過了一年多，羅伯特沒有再出現暴力行為。

## 遲來的道歉

我們每個人的內心都活躍著一些來自童年的感情與回憶，和許多年前一樣，一直沒變，這就是我們的「內在小孩」。當執迷者在成人的感情世界重演兒時掙扎時，這個弱小、無助的孩子像影子般尾隨。透過執迷，「內在小孩」被迫一遍一遍地經歷當年被父母拒絕的痛苦。

我把這個道理解釋給諾拉聽，她母親曾經拿皮帶抽她，還汙蔑她勾引繼父。諾拉聽了，意識到自己一直讓「內在小孩」受盡折磨。我問她是否想要向自己的「內在小孩」道歉，她很樂意這麼做。

我要諾拉把自己想像成一個小女孩，然後要這個小女孩坐在她對面的空椅子上。我要她告訴那個小女孩——她的「內在小孩」，自己有多抱歉讓她承受那麼多的痛苦和折磨。諾拉思考了幾分鐘，然後斷斷續續地開始了。

**諾拉**：親愛的，真是很抱歉，我一直虧待你，毫無悔改。我真抱歉，讓你覺得沒人愛，讓你覺得好像從來沒人在乎你受了多少傷害。更抱歉的是，我居然讓你一次又一次、一次又一次地承受這些，只因為我無法對湯姆放手。但是現在湯姆已經離開了我們的生活，我不會再讓這樣的事發生，不管對方是誰。至少我會努力，為了我們兩個。

諾拉感人肺腑的道歉不僅減輕了她因為沒好好對待「內在小孩」的愧疚，還堅定了自己能夠做點什麼來撫慰童年傷痛的信念。她知道了，她有能力去緩解自己的痛苦。

她為自己所認知到的事情感到震驚。過去她一直指望別人（最近是湯姆）來幫她緩解痛苦。但是現在，第一次，她開始相信自己有能力去安撫「內在小孩」。對此，她感到非常激動。

## 諾拉的「好媽媽練習」

接下來的一週，諾拉來參加團體治療時，迫不及待地表示她自己設計了一個練習，稱為「好媽媽練習」。每天上班前，她都要做一遍。

**諾拉**：我總是想，我媽媽從來沒說過我一句好話。要是她能誇誇我，現在我應該是另外一種樣子吧……以前有個老師對我特別好，有時候我想像著，若她是我媽媽該多好。所以我的做法是，想像我自己是一個小女孩，這個老師穿過屋子走向我，臉上掛著溫暖的笑容，我想像她就是我的媽媽。她坐到我身旁，伸出手環抱著我，跟我說很多很多我想要媽媽說出來的話。我想像著她把世界上最動聽的話都說給我聽，我大聲地喊出這些話。

我急於知道諾拉想要媽媽說些什麼，所以要她做這個練習給我看。這就是她想像中的「好媽媽」對她說的話：

**諾拉**：我真的很愛你。你這麼漂亮，又這麼聰明，我為你驕傲。你無論做什麼都很好，你是一個了不起的好孩子，就算給我一個天使，我也不換。好慶幸我能有你這樣的孩子，你讓我好開心，而且這也是我想為你做的，讓你像我一樣開心。

說完時，諾拉的眼睛濕潤，我也快落淚了。她需要一個愛她的媽媽來代替那個虐待她的人，透過這個奇妙的練習，她從自己的內心找到一位「好媽媽」。這個有效的療癒練習叫做「重塑父母」。透過「好媽媽練習」，她開始摒棄母親往她潛意識裡填塞的負面訊息，重新為自己灌輸充滿愛意的肯定訊息，那是她一直渴望的，而且本應如此。

諾拉好好示範了如何舉一反三，把你所學到的「形象化練習」、「角色扮演的練習」，轉化成屬於自己的全新方法。我告訴諾拉，我要把她創造的練習方法推薦給其他人，她很高興。我將這個「好父母練習」（另外增加了「好爸爸練習」）納入自己的心理治療體系中，多年來幫助了許多案主。

你不能指望隨便一個練習就一勞永逸地解決多年的傷痛，尤其是才練習了一次。有些練習需要反覆進行，就像體能鍛鍊一樣。另外一些練習只需要做一、兩次，比如當然不用每週都寫信給拒絕你的父母，但你可以重讀最初寫的信，喜歡讀就多讀幾遍。並且可能也沒必要不停地對「內在小孩」道歉，一、兩次就可以；但是每當你感到害怕、不安，都可以安慰那個小孩。需要做多少次「好父母練習」也沒有嚴格標準，這項練習就像情感的維他命，視個人需要服用。

## 放下童年的掙扎

做這些練習時，你會感到重新充滿力量，重新找到方向，發現自己在潛意識中，正緩慢而有力地拿回人生控制權。但是，在真正從執迷系統中解脫之前，你需要先放下，澈底放下童年時想要改變父母的掙扎。

經過寫信給父親與「好爸爸練習」，瑪格麗特感受到多年未有的輕鬆。但是在能夠完全放棄童年的掙扎前，她必須揭開掩藏在悲傷之下的憤怒，就像羅伯特不得不透過憤怒看到自己的悲傷。

為了幫助瑪格麗特做到這點，我要她想像自己在演一齣戲，由她扮演自己的父親。在這場即興演出裡，父親要讀到女兒寫給他的信，由瑪格麗特發揮，如果她父親今天真的在這裡，會有什麼樣的反應。

一開始，瑪格麗特扮演著看起來十分愧疚的父親，深深為自己對女兒的傷害感到自責。但考慮到父親在現實中是如何對待她，這是一種非常離譜的幻想，所以我打斷演出，告訴她，現在是要她扮演自己的父親——成為她夢魘的那位，而不是扮演自己「想要的」父親。這對瑪格麗特增加了不少難度。

**瑪格麗特**（扮演她的父親）：關於這封信，我不知道你想要我說什麼，那些事過去太久，我都沒什麼印象了。我跟你媽過不下去了，所以我們離婚，你是我想要甩掉的包袱之一。我不打電話是因為我不想打，對你我沒什麼話好說，也沒興趣知道你要跟我說什麼。以前我不在乎你，現在你對我來說，是我寧願忘記的過去。

**蘇珊**：好吧，就這樣。你的恐懼溢於言表。現在感覺怎樣？

**瑪格麗特**：我不知道，因為這些其實都是我的話，而不是他的，這些話裡都是我的恐懼。我不相信他真的會這麼對我說。

**蘇珊**：可是，瑪格麗特……他已經用行動跟你說這些話了啊。

一瞬間，瑪格麗特看起來差點哭出來。但是真相漸漸浮現，她開始生氣。

**瑪格麗特**：你說得對，那確實是他講的！他混蛋！他不在乎！他根本就不在乎！菲爾也是這樣！我不能再這樣對自己，不能再熱臉貼冷屁股去追著這些根本不在意我的人，我得停止！

瑪格麗特接受了父親不愛她的事實。父親的行為，反映了女兒在他心中的分量。她放棄了導致自己執迷行為的核心信念之一：父親其實愛著她，她可以找回父親的愛。發現自己對父親所作所為的憤怒之後，瑪格麗特才發現她對菲爾拋棄自己的行為同樣感到憤怒。

除了對父親和菲爾感到氣憤，她也生自己的氣，氣自己居然願意被這樣對待。這幫助她明白了自己應該被怎樣對待，而不應該在感情中委曲求全。最後，她準備好對戀人劃定界線，同時也給自己設限，這是她了不起的進步！

有了新的認識，瑪格麗特發現了一個消除童年痛苦最好的方法：放下以為能改寫過去的妄想。

## 童年期被拒絕與個人責任

你不必為童年遭受過的任何形式的拒絕負責，關於這一點，再怎麼強調都不過分：

**你不必為童年遭受過的任何形式的拒絕負責。**

這是一項基本真理，會深深地影響你對自己的感覺，以及你對待自己、對待他人的方式。但是，現在你看到了自己的童年經歷與執迷愛戀之間的一些關係，也許會試圖用這個理由來為自己的執迷行為開脫。

雷就落入了這個誤解。雷是與妻子凱倫一起來諮商的電影攝影師。當我們發掘出他的童年經歷，他領悟到，兒時遭酒鬼母親拒絕的傷痛至今仍糾纏著他，於是開始怨恨凱倫沒有同情他的遭遇。

**雷**：我確實有點蠻橫，有很多問題需要解決。要是你有像我一樣糟糕的童年，你也不會長成心理健康的模範好人。為什麼她看不到這點？為什麼她就不能對我寬容些？

雷的強詞奪理延滯了心理療程的推進。我告訴他，他現在是用典型的「我很慘，所以我執迷」的藉口。我指出，凱倫沒理由為他小時候的遭遇負責，也沒有義務僅僅因為他有心理創傷，就得忍受他現在的種種過分行為。

我勸你不要走上雷的路。事實是，你對戀人造成的痛苦應該由你全面負責，你有義務找出方法來停止傷害。

理解了童年期被拒絕與成年後的執迷模式之間有很大的關聯，也不能成為放任執迷的理由。你不需要為童年的遭遇承擔責任，但你不能以此為理由不去改變自己的執迷。

## 「去象徵化」：把戀人與父母的影子剝離

身為執迷者，你總是希望「象徵性父母」能夠彌補現實中父母對你的拒絕，但如此只讓你繼續沉溺於童年期的掙扎。除非能把戀人與父母的影子剝離，把戀人「去象徵化」，否則你很難讓這麼多年的掙扎畫下句點。

雷有很長一段時間無法把凱倫和自己的母親分清楚。在理智上，他理解自己把凱倫當成象徵的母親，但是在感情上，他還是把凱倫當成象徵的母親。為了幫助他停止這種束縛，我要他帶來兩張照片，一張是他媽媽的，一張是凱倫的。

在接下來的一次治療中，我請他將兩張照片並排擺在一張空椅子上，然後要他對著凱倫的照片解釋，實際上他是如何試圖讓凱倫彌補母親對自己的傷害。

**雷**：很抱歉我把你和我媽媽混為一談。你們是截然不同的兩個人，但我沒有那樣對待你，沒能把你當成單獨的個體。

這時我打斷他，要他把兩張照片分開，以這樣的方法，象徵性地將兩個人分開。他拿起母親的照片放到另外一張空椅上。當他重新開始對凱倫說話時，發現每當提到母親，他都會轉頭去看母親的照片。這有助於強化他的練習目標——不能把凱倫當成母親來看。

**雷**：我媽快把我逼瘋了。我一直試圖讓她看到我是多麼愛她，讓她停下來。當我遇到你，開始做同樣的事情，但這次是我快把你逼瘋了。看我做了多少蠢事！我媽是酒鬼，你不是。我媽總是吼我，你不會這麼對我。

我從小就得照顧我媽，而你會照顧你自己。照顧我，本來應該是我媽的責任，而不是你的責任。我媽總是讓我難過和害怕，我對你也常常有這樣的感覺，但我知道那是我自己的原因，這不是你的錯，以後每當有這種感受時，我必須提醒自己。太抱歉了，我過去一直沒有把你和媽媽分清楚。

透過這個練習，雷不僅理解、並能夠感受到母親和凱倫的不同。他告訴我，這個練習對他影響至深。這對雷來說是一項重要的情感體驗，每當他用小時候對待媽媽的反應來對待凱倫時，他就會警醒。

雷一直把自己想要改變母親這個不切實際的幻想投射到凱倫身上，但是透過將凱倫「去象徵化」，把凱倫和自己母親的影子剝離，他終於放棄了那些不著邊際的幻想。

**沒有戀人能夠治療你童年時被拒絕的創傷。**

必須是你，而且**只能是你**，有能力、有動力、有責任去完成這項挑戰。

童年時被拒絕的傷痛不會頃刻間消失得無影無蹤，經年累月形成的傷口，需要慢慢調理。但是，如果你把這些練習變成生活中的一部分，你會逐漸消除童年陰影對你的影響，籠罩在你愛情世界上空的陰霾也會隨之消弭。你不再是一個無助的小孩了。你是一個成年人，你有責任，也有能力驅逐往日的心魔。

## 第十三章

# 讓心靈回歸平靜

你付出了很多努力，用盡方法去改變自己的各種執迷模式，做了很多練習去控制自己的執迷想法和執迷感受。最終，你不是放下了執迷「目標」，就是摒棄了戀情中的執迷因素。你已經能夠面對執迷戀情的根源，那是童年期被拒絕的心理陰影。

現在只剩下一件事了：鞏固這些轉變，確保你將來的戀情或當下這段已修正過的關係模式，能夠健康地運作。

無論是準備發展一段新戀情或正戀愛中，難免會遇到各種形式的「拒絕」（包括暫時性的拒絕）。這沒什麼大不了。拒絕只是人們正常往來中的一部分，不至於太悲慘。

如果你正在戀愛，不管戀情有多甜蜜，戀人有可能退出；對方可能說氣話，讓你感到自己被嫌棄；一些誤會也可能讓你感到好像被拒絕；甚至隨著時間流逝，兩人覺得不合適，決定分開。人的感覺潮起潮落，沒有什麼感情是堅不可摧。

若你正在尋覓一份新感情，那麼在找到那個「對的人」之前，你可能會經歷很多拒絕。意中人可能對你不感興趣；對方可能害怕親密；也可能時機不對；還有可能是家庭因素導致你們無法在一起；甚至可能因為對方不喜歡你的狗……原因千奇百怪，理由五花八門，各種可能性都存在。即使你已經完全控制了自己的執迷，還有很多你控制不了的因子。

這不表示你的感情註定多波折。你**不可能**像設定好似的總是吸引傷害你的人，你**不會**註定孤苦一生，也**不至於**受命運詛咒要執迷一生。

不管怎樣，提前預防總沒壞處。而且無論身處於怎樣的感情，掌握一些面對拒絕的技巧，能夠讓你更有安全感，更加從容。在本章中，我將引導你改變關於「拒絕」的看法，教你一些面對拒絕的新方法，好讓你為找尋真愛做好準備。

## 老問題，新視角

身為執迷的戀人，過去你常常察覺不到自己的執迷行為帶給關係的傷害，可能覺得戀人沒良心，自己可憐又無辜。那麼現在，作為一個「曾經」執迷的戀人，你很可能對於之前的盲點變得特別敏感，決心避免重蹈覆轍，於是你走向另一個極端：新戀情中出現任何問題，你都一股腦地怪自己。

當新的戀人拒絕了你，又不明說原因，這種情況便極容易發生。畢竟人們在結束一段感情時，通常很難直截了當、明白無誤地說明真實理由。或許戀人就那麼走了，也或者沒有任何解釋，就是不再跟你聯繫；戀人可能沒有任何解釋就離開，再也不聯絡。很多人自己也不明白為什麼忽然厭倦，只知道自己想要退出。曾經的執迷者一旦面臨這些莫名其妙的拒絕情況，常會以為假如自己換個方法或是再多做什麼，也許就能挽回這段感情。

## 並不總是你的錯

心理療程進入尾聲時，諾拉就陷入這種不公平的自責。放棄對湯姆的執迷大約一年後，她認識另一個男人，兩人約會了幾個月，對方卻忽然提出分手。

**諾拉**：我不敢相信他居然要分手，一切都進展得好好的。這一次感覺和以前很不一樣。我對你發誓，蘇珊，我已經不再像以前那樣了。我不再緊張兮兮，也沒有天天打電話。他差不多每週約我兩次，我感覺還好，真的沒有急不可耐。然後他就這樣冷不防丟給我一個重磅炸彈，說他不再愛我。我不敢相信，問他我做錯了什麼，但他就是兜圈子不說清楚。我到底做錯了什麼？

我告訴諾拉，她沒有理由懷疑是自己做錯什麼。老是猜來猜去只會讓自己心累。她拚命挑自己的毛病，難免會感到自責，但只是想著「如果……就……」也改變不了現實。

為了幫助諾拉從比較積極的角度看待自己的處境，我要她在不自責的前提下，盡可能地多想想對方拒絕她的可能原因，把這些理由列出來。

以下是諾拉列出的理由清單：

- 他沒有勇氣承諾一段感情。
- 他不相信女人。
- 他其實有老婆和十二個小孩。
- 他決定要出家。
- 他感情短路了。
- 他只有六個月可活了。
- 他只喜歡蠢女人。
- 他害怕親密接觸。
- 他被黑手黨追殺。
- 他是通緝犯。

・他在躲他老婆和十二個小孩。
・他羞於說他窮得實在談不起戀愛。
・他是外星人。

我很高興諾拉能在這個練習中找到一些幽默。心理治療並不比人生冷酷、無情或嚴肅。一點嘲諷、一點無理取鬧是愛情的潤滑劑。如果你能用笑聲緩衝重創，被拒絕的痛苦就不那麼難以承受了。雖然我不想低估一段關係結束時的痛苦和悲傷，但在困難的處境中找到幽默，總是讓人好受一點。

諾拉的幽默幫她減少了一些失望，而且並沒有削弱這份清單的效果。看似胡鬧的創作甚至幫她獲得了一個重要的認知：戀人離開她的理由，可以與她無關。

在戀愛關係中有兩種極端情形，一種是對戀愛中的問題，什麼責任都不負，一種是什麼責任都負。在這兩種極端情形之間，還有一個實實在在的中間地帶，當你最終找到這個地帶時，你就能領悟到：戀愛是兩個人的事，事事都與兩人有關，兩人有各自的內心衝突和個人動機。

如果你接受了並非每一次被拒絕都是因為自己，就不至於每當遭到拒絕，都把生活弄得雞飛狗跳。這種全新的視角，能夠幫助你消除過去因為被拒絕而引起的自卑和自責。拋開這些負面情緒，你就不必再瞻前顧後地處處懷疑自己，面對及處理新戀情可能存在的挑戰也就更輕鬆。

## 老問題，新對策

我們都知道挫折多可怕，讓人痛苦、屈辱，想不明白也說不清楚。回家的路上，我們總是想出一大堆準備要講的話，但是真要開口時，心一慌而講不清楚，或是不如不說。

正因如此，面對可能遭遇的拒絕，你還是有必要事先洞察及覺悟，並且能明白無誤地清楚回應。若事先準備好一些特定的應答，能大大降低覺得自己無能、沒用的挫折感，保有尊嚴。讓我來舉例說明。

與菲爾分手大約四個月後，瑪格麗特忐忑不安地來到治療團體。

**瑪格麗特**：我和新認識的這個男人已經見面好幾個星期，我真的開始喜歡他了。但是我很怕進展得不順，所以害怕跟他一起出去。我不知道我能不能受得了又一次羞辱，被拒絕的羞辱。和菲爾的那一段真讓我生不如死。

瑪格麗特在控制執迷行為方面已經取得長足的進展，童年被父親拋棄的心理創傷也在慢慢修復。但是，和菲爾戀愛失敗造成的感情創傷仍然沒能癒合，她擔心再次被拒絕，讓舊傷復發，她免不了又重蹈覆轍，做出自輕自賤的執迷行為。

## 看清尊嚴的雷區

過去，瑪格麗特面對拒絕的反應與很多執迷者類似，我們稱為「尊嚴的雷區」。

最常見的尊嚴雷區有：

・祈求對方再給自己一次機會。
・拒絕接受戀情已經結束的事實。
・威脅要傷害他人或者自虐。
・還沒分手，就說沒有對方就活不下去。
・為了留住戀人，什麼事都願做。

過去，瑪格麗特這些貶損尊嚴的行為讓她覺得自己很蠢、很絕望，有時還很瘋狂。為了減輕她對將來有可能重做傻事的擔憂，我建議她針對過去經常促發執迷行為的「扳機」，進行新的反應模式訓練。

## 建立尊嚴的庇護所

為了幫助案主建立面對拒絕的健康反應模式，我常用的方法之一是在無害的情況下，模擬有可能出現的最糟糕情況。

讓瑪格麗特開始進行練習之前，我為她做了個示範，請治療團體的成員都來模擬和我分手的情況，要他們每個人對我說一句拒絕的話。這個治療團體是由想要克服執迷模式的成員所組成，「遭遇拒絕」是每位成員都面臨的問題，所以要他們說出幾句拒絕別人的話不成問題，每個成員都有曾經刺痛他們的話，各有各的痛處。然後，我向瑪格麗特示範對於這些「扳機」，該如何做出反應。我稱這類反應為「尊嚴的庇護所」。

・舊「扳機」：「我再也不想見到你。」
・新反應：**「聽你這麼說真傷心，但我尊重你的決定。」**
・舊「扳機」：「我受不了了，你太黏人了！」
・新反應：**「我知道我黏人，但是我正在努力克服，很遺憾你不願再給我時間改變。」**
・舊「扳機」：「我不愛你了。」
・新反應：**「謝謝你的坦誠，很遺憾我們走到這一步。」**
・舊「扳機」：「我對你的身體已經沒感覺了，讓我們做普通朋友吧。」
・新反應：**「我們對這段感情的期待顯然不同，所以我想我們最好還是不要見面了。」**

・舊「扳機」：「我不想傷害你的感情，但你不是我想要的類型。」

・新反應：「**我希望情況不是如此，但我接受這個事實。**」

做完這個示範後，我把「尊嚴庇護所」式的反應清單發給每位小組成員，接著我們重新開始練習，這次由瑪格麗特扮演被拒絕的角色。當每一個成員對她說出拒絕的話時，她用清單上的反應模式來回答，或者她可以根據清單上的模式自由發揮。練習結束後，瑪格麗特發現她現在面臨拒絕的反應，與以往簡直有天壤之別。

保有尊嚴的祕訣是：要確保你的反應不以爭論或自我辯護為目的。有了這個方法，你將發現自己不會再回到那種試圖祈求別人愛你、說服別人愛你的尷尬處境。

當然，即使把「尊嚴庇護所」的準則理解得再怎麼透澈，一旦再度遭遇拒絕，你也許發現自己還是語無倫次。正因如此，**我強烈建議你把這份清單上的回答背下來，記在心裡，以備不時之需**。並非只能在心理治療團體裡學習或練習，錄音練習也一樣有效。

做這個練習，需要錄下一組拒絕的話語，每句話之間留出一段用於回答的時間。你可以用瑪格麗特在團體練習中那些拒絕的話，也可以運用自己經歷過的拒絕。播放錄音時，用前述「尊嚴庇護所」的模式回答，你會發現，幾乎所有形式的拒絕都可以以此來從容因應。

被戳痛舊傷疤時，新的回應策略能夠保護你避免說出讓自己後悔的話，做出讓自己後悔的事。這些守護尊嚴的應答策略就像是你感情世界的庇護所，保護你遠離感情的雷區。

## 面對模稜兩可的雙重訊息

要避免促發執迷行為還有一種方法，那就是當對方含糊其詞時，你要學會辨認對方的真實意圖。正如我們所見，雙重訊息真的讓人揪心，一方面你絕望地抓住對方給的線索，感覺對方似乎還愛著你；另一方面，那背後的冰冷黑暗讓你瑟瑟發抖，覺得對方不要你了。撥開迷霧最簡單的辦法是**「拒絕被玩弄」**。若發現戀人說一套做一套，不要猜，**直接問出口**。

以下是一些例子，你可以這樣問對方：

- 「有些事我不明白。你說你愛我，但是你不願花時間和我在一起，這不是矛盾嗎？」
- 「我被你搞糊塗了。我們每週約會三次，但是你仍然跟別人出去。你想要的是哪種關係呢？」
- 「你表現得好像你想要給我一個真正的承諾，但每次我提起來，你就閃躲。我想知道，我是不是在浪費時間？」
- 「你口頭上對我山盟海誓，但絲毫不見行動。你到底是怎樣打算的啊？」
- 「當我們單獨在一起的時候，你對我好像真的很特別。但是我們跟你的朋友一起出去時，你又像只是玩玩而已。這讓我感覺你跟我在一起就是為了上床，是這樣嗎？」

顯然，這份清單還可以無限延長，但是核心策略是用這類提問的方式，把隱藏在戀情中的疑問擺到檯面上。儘管得到的答案可能是你不想要的，但是知道真相總好過成天疑惑、恐懼，惶惶不可終日。

## 走過執迷，找到真愛

如果你已經依本書的內容認真地做練習，你看待自我的感覺應該會更好。儘管如此，邂逅新戀情時，你也許還是會感到不安。畢竟在執迷模式下生活了那麼多年，很難不戴執迷的眼鏡去看待愛情。

現在你已經裝備齊全，擁有了很多工具，這些工具能夠讓你以一種煥然一新、更健康、更有自信的姿態投入戀情。然而，這並不意味著你已經能夠熟練地運用。在能夠從容、有自信地面對另一半之前，你得先學會從容、有自信地對待自己。

### 學會相信你自己

許多曾陷入執迷的人害怕重複過往錯誤，因此面對新戀情時戰戰兢兢，想要接近和瞭解對方，但是因為太緊張了，表現得神經兮兮、畏縮又有所掩藏，連自己都不敢相信自己。

跟約翰分手後，安妮遇到了新戀情。她非常擔心，怕自己稍稍放鬆就會失去控制，讓執迷捲土重來。

我向安妮保證，如果她能放鬆下來，允許自己承擔一些感情上的風險，隨著時間過去，她會越來越有自信。就像成功能給她提供經驗，即使感情進展得不順，她也能從挫折中吸取教訓。一直保持戒備，這對自己和戀人來說都是一種負擔。

安妮同意在新男友面前盡量放鬆一些。到了相戀六個月紀念日時，她感覺自己不再那麼焦慮，不再害怕與男友坦誠相待。

**安妮**：不知道我現在是更相信他，還是更相信自己。但我現在看待這段感情比以往任何時候都清楚。就像是我覺得自己好像不再那麼急著想有個結局，所以我也不再那麼憂慮了。如果這段感情沒有結果，那就沒有結果吧，對我來說也不是壞事。你知道，以前我從來沒有注意過這點。過去我總是一心想要對方愛我，從沒在乎過自己在感情中有多慘。現在我明白了，若一段關係讓我感到不快樂，我可以離開。我會感到沮喪，但我還是會活下去。我給了自己真正的自由，這種感覺妙不可言。要是半年前你問我會不會有這種感受，我一定會回答「不可能」。也許我是自欺欺人，但是我知道現在自己不再為眼前的戀情歇斯底里了，我會這麼想就是奇蹟。

安妮的成長遠不只放鬆地面對這段新戀情，還改變了自己的態度和期待，幫助她客觀地看待愛情和生活。她意識到，愛情最重要的是要好好享受當下，而不是擔心不可知的未來。為了保持這種狀態，她重新開始與朋友們聯絡，參加各種活動。當年因為對約翰執迷，她把生活中那麼多美好的事物全拋在腦後，現在她把愛情當作生活的一部分，而不是生活的全部。

隨著時間漸漸過去，安妮發現自己越來越輕鬆，不需要非常努力去控制執迷了。她曾經在情感假期裡非常努力去學習的執迷系統終止技巧，現在越來越成為一種習慣。她學會更相信自己，對執迷傾向的恐懼也在消退。她的愛情非常甜蜜。

## 慶祝：用一種新的方式去愛

雷和凱倫在開始治療前，已經相處了風風雨雨的兩年。一年後，他們仍然在一起，但是現在的關係漸有起色。雷學著控制住執迷行為。凱倫則對於自己所能接受的狀況，學會對雷劃出明確、嚴格的界線。

雷在療程即將結束時，拿出一封寫給凱倫的信，信的內容深刻、切中要點。

親愛的凱倫：

儘管我們已經認識三年，但我還是願意把那一刻作為我們戀愛開始的標誌——一年前的今天，也就是在經歷我生命中最受折磨，卻又最大開眼界的兩週後，重新回到你身邊的那一天。我知道，在「情感假期訓練班」學到的事情挽救了我們的感情，感謝上帝！

我現在明白了，我內心的憤怒和痛苦實在與你無關，對你的愛每天都在提醒我記住這一點。只要我能繼續始終如一地從尊重出發、從真愛出發與你相處，我們的愛將會茁壯、成長。

我心裡很清楚，這不容易。還有很多東西要學，還有很多習慣需要去改變。我愛你，因為你不輕言放棄。我帶給你那麼多的痛苦和折磨，但你依然和我堅守在一起。我愛你，因為你再也沒有放開我。我愛你，尤其因為你給了我機會改變自己，換作別人，恐怕早就放棄了。最重要的一點，我愛你，因為你是你。

（屬於我們的）週年快樂，我的寶貝。我愛你！

你的雷

雷的週年信是一份歡慶，不只為了慶祝他脫離執迷的行為模式，也慶祝他探索出一種新的方式來愛，能釋放他的恐懼與憤怒。過去，這些恐懼和憤怒始終影響著他和凱倫的生活。努力終有收穫。雷現在懂得自己過去確實侵犯了凱倫的邊界，也終於接受了這個事實：凱倫是一個獨立的個體。這意味著她有權擁有自己個人的感受、想法和愛好，而且他必須尊重這個權利。

在執迷的戀情中，不會有對戀人個人權利的尊重，但這點在一段良性的感情關係中不可或缺。

## 脫離不安全感，享有真正的親密關係

當一段關係或感情出現在身邊時，如何知道是不是良性關係？又如何知道對方是不是認真的？答案是：在最初階段，你無法確切地知道。如果一見鍾情，第一眼就斷定「對方是認真的」，你八成是在重蹈覆轍，又陷進對戀情的美好幻想與魔幻似的期盼，而又面臨過往所經歷的感情傷害。

一段新的感情關係自然充滿著未知。若這段關係發展得不夠長久，若兩人沒有足夠時間來瞭解彼此是否朝著一致的方向前進，若你沒有機會去探索伴侶內心深處的恐懼與夢想，並展現出自己的那一部分，你就無法確知這份愛的真實性。建立真正親密關係的真諦，就在於雙方要共同探索和發現彼此。

若你是像大多數曾經陷入執迷的人，可能很難相信由真誠的親密所產生的感情關係，能讓人安心、自在，也能帶來激情與熱力。因為你的經歷會讓你以為只有充滿戲劇性才能讓愛情得到燃料，充分燃燒。對你來說，沒有跌宕起伏的激情，看起來根本不像是激情。

但是，放棄執迷，並不代表放棄了激情。**放棄執迷，意味著放棄痛苦、焦慮、混亂、羞辱、嫉妒和占有欲。**

如果你能走出這些羈絆，走向健康的愛戀關係，你就能釋放自己，進而去發現真正的親密關係中，那些最深層的快樂——而這是能讓我們愛得滿足的唯一基礎。

國家圖書館預行編目資料

癡迷：心理學大師寫給在愛情中快要殉道的你/蘇珊・佛沃（Susan Forward, PhD）、克雷格・巴克（Craig Buck）著;一言譯. -- 初版. -- 臺北市：寶瓶文化事業股份有限公司, 2023.05　面；公分. --(Vision ; 242)
譯自：Obsessive Love: When It Hurts Too Much to Let Go
ISBN 978-986-406-355-0(平裝)
1.CST: 兩性關係

544.7　112004678

Vision 242

癡迷——心理學大師寫給在愛情中快要殉道的你

作者／蘇珊・佛沃（Susan Forward, PhD）、克雷格・巴克（Craig Buck）
譯者／一言

發行人／張寶琴
社長兼總編輯／朱亞君
副總編輯／張純玲
資深編輯／丁慧瑋　編輯／林婕伃
美術主編／林慧雯
校對／丁慧瑋・劉素芬・陳佩伶
營銷部主任／林歆婕　業務專員／林裕翔　企劃專員／李祉萱
財務／莊玉萍
出版者／寶瓶文化事業股份有限公司
地址／台北市110信義區基隆路一段180號8樓
電話／(02)27494988　傳真／(02)27495072
郵政劃撥／19446403　寶瓶文化事業股份有限公司
印刷廠／世和印製企業有限公司
總經銷／大和書報圖書股份有限公司　電話／(02)89902588
地址／新北市新莊區五工五路2號　傳真／(02)22997900
E-mail／aquarius@udngroup.com

法律顧問／理律法律事務所陳長文律師、蔣大中律師
如有破損或裝訂錯誤，請寄回本公司更換
著作完成日期／二〇〇二年
初版一刷日期／二〇二三年
初版二刷日期／二〇二三年五月三日

ISBN／978-986-406-355-0
定價／四五〇元

OBSESSIVE LOVE: WHEN IT HURTS TOO MUCH TO LET GO
by Dr. Susan Forward and Craig Buck
This edition published by arrangement with Bantam Books, an imprint of Random House, a division of Penguin Random House LLC
through BIG APPLE AGENCY, INC., LABUAN, MALAYSIA.

AQUARIUS 寶瓶 文化事業

# 愛書人卡

感謝您熱心的為我們填寫，
對您的意見，我們會認真的加以參考，
希望寶瓶文化推出的每一本書，都能得到您的肯定與永遠的支持。

系列：Vision 242 **書名：癡迷——心理學大師寫給在愛情中快要殉道的你**

1.姓名：________________ 性別：□男 □女

2.生日：_____年_____月_____日

3.教育程度：□大學以上 □大學 □專科 □高中、高職 □高中職以下

4.職業：______________

5.聯絡地址：________________________________________________

聯絡電話：________________ 手機：________________

6.E-mail信箱：______________________________

□同意 □不同意 免費獲得寶瓶文化叢書訊息

7.購買日期：____ 年 ____ 月 ____日

8.您得知本書的管道：□報紙／雜誌 □電視／電台 □親友介紹 □逛書店 □網路
□傳單／海報 □廣告 □瓶中書電子報 □其他

9.您在哪裡買到本書：□書店，店名___________ □劃撥 □現場活動 □贈書
□網路購書，網站名稱：_____________ □其他___________

10.對本書的建議：（請填代號 1.滿意 2.尚可 3.再改進，請提供意見）

內容：__________________________

封面：__________________________

編排：__________________________

其他：__________________________

綜合意見：____________________________________________________________

11.希望我們未來出版哪一類的書籍：____________________________________

讓文字與書寫的聲音大鳴大放

寶瓶文化事業股份有限公司

（請沿此虛線剪下）

| | |
|---|---|
| 廣　告　回　函 | |
| 北區郵政管理局登記 | |
| 證北台字15345號 | |
| 免貼郵票 | |

寶瓶文化事業股份有限公司　收

110台北市信義區基隆路一段180號8樓

8F,180 KEELUNG RD.,SEC.1,

TAIPEI.(110)TAIWAN R.O.C.

（請沿虛線對折後寄回，或傳真至02-27495072。謝謝）